Lh 5.
196.

PRÉCIS HISTORIQUE

DE LA

BATAILLE DE TOULOUSE

LIVRÉE LE 10 AVRIL 1814,

ENTRE L'ARMÉE FRANÇAISE, COMMANDÉE PAR LE MARÉCHAL
SOULT, DUC DE DALMATIE,

Et l'armée alliée, sous les ordres de lord Wellington;

PAR LE CHEVALIER ALEX. DU MÈGE,

Chef de Bataillon du Génie, au titre étranger, Chevalier de la Légion-d'Honneur
et de plusieurs autres ordres, Lauréat de l'Institut, l'un des Vice-
Présidents généraux du Congrès scientifique.

Dulce et decorum est pro patriâ mori.

TOULOUSE,
DELBOY, LIBRAIRE-ÉDITEUR,
71, RUE DE LA POMME.

—

1852.

TOULOUSE,
IMPRIMERIE DE A. CHAUVIN ET COMP.,
Rue Mirepoix, 3.

BATAILLE DE TOULOUSE.

I.

DÉTAILS PRÉLIMINAIRES.

L'étoile de la France avait pâli. Dans le nord de l'Espagne, nos troupes ne possédaient plus que deux points de quelque importance, et qui devaient bientôt être conquis par l'étranger. Nos places étaient mal fortifiées, nos frontières ouvertes de toutes parts. Pour mettre un terme à ces calamités, pour ramener la confiance et la victoire, le maréchal Soult fut chargé du soin de rassembler nos débris et de créer une nouvelle armée. Cet habile capitaine réunit bientôt neuf divisions d'infanterie et une de réserve, formant un total de soixante mille combattants. Une division de cavalerie légère, et une de dragons, complétèrent cette armée, dont l'artillerie s'élevait à quatre-ving-dix pièces attelées... Mais ayant devant lui les alliés, dont les forces réunies présentaient une masse de cent vingt mille fantassins et de neuf mille cavaliers, le maréchal devait garder un pays trop étendu pour les forces dont le commandement lui avait été confié. Les plus héroïques tentatives ne purent dégager Pampelune, ni sauver Saint-Sébastien ; et les combats livrés, le 31 août, le 8 octobre 1813, et durant la première quinzaine de décembre, ne firent pas obtenir les résultats qu'on en avait espéré. L'ennemi prit possession des deux rives de la Nive et de l'une de celles de l'Adour (1).

Il parut dès-lors qu'il fallait renoncer à l'offensive sur cette portion de la ligne des Pyrénées.

« Bayonne et les autres places avaient, durant ces combats, été réparées et armées avec soin ; un vaste camp retranché couvrait les abords de la première (2). »

Une division de réserve s'organisait à Toulouse.

Au midi des Pyrénées, notre position était meilleure.

Suivant le système adopté pour l'Allemagne, nous occupions encore, en Catalogne, plusieurs places fortes, tandis que notre armée était en partie rentrée sur le territoire français ; nos places communiquaient assez librement entre elles. Le maréchal Suchet s'était couvert de gloire pendant la campagne de 1813. Il avait fait lever le siége de Tarragone et forcé sir J. Murray à se rembarquer. Lord W. Bentinck n'avait pas été plus

---

(1) Du Mège, *Hist. gén. de Languedoc*, tome X, p. 797.
(2) *Ibid.*

heureux; et si, dès le 5 juillet, le général français avait abandonné Valence, il avait laissé, dans Denia, Murviedro, Peniscola et Tortose, environ 12,000 hommes. Il avait aussi conservé Manzon, Gironne, Barcelone, Figuères et Roses. Justement redouté par l'ennemi, il était prêt à regagner la ligne du Xucar et la grande route de Valence à Madrid. Une odieuse trahison lui avait ravi Lérida et Méquinenza ; mais il se maintenait sur le Llobregat, repoussant, pendant les mois de janvier, de février et de mars, les attaques des généraux Clinton, Sarsfield, Copons et d'Eroles. Il armait les places du Roussillon et réunissait onze mille hommes d'infanterie et environ dix-huit cents de cavalerie sous les murs de Narbonne, place abandonnée depuis longtemps, mais que l'on pouvait mettre facilement à l'abri d'un coup de main (1). Dans l'ancien Comté de Foix, on voyait se former avec rapidité, sous les ordres du général Lafitte, plusieurs bataillons de vieux soldats.

Si l'ennemi forçait le passage des Pyrénées, ou hasardait une pointe vers la capitale du Midi, une division, détachée de l'armée du maréchal Suchet, pouvait se réunir à celle que le général Travot formait à Toulouse. Ces forces auraient été suffisantes pour défendre cette ville,

---

(1) Du Mège, *Hist. gén. de Languedoc*, tome X, p. 800.

qui aurait eu, sur la rive gauche, une tête de pont. L'armée, qui, dans le pays d'Aunis, et à Blaye, se réunissait sous les ordres du général Decaën, se serait portée sur Bordeaux, et aurait mis cette ville en état de défense, par un système de redoutes, fortement armées et palissadées, et se liant au Château-Trompette.

Ainsi, libre dans ses mouvements, assuré de la ligne de la Garonne, le maréchal Soult aurait pu manœuvrer avec avantage, en tête et sur les flancs d'un ennemi, extrêmement circonspect, et qui, en voyant ces dispositions, n'aurait peut-être pas hasardé l'une de ces grandes manœuvres, qui décident souvent du sort d'une campagne.

Mais déjà l'armée du duc de Dalmatie était extrêmement réduite. Elle ne comptait plus que quarante-cinq mille hommes dans ses rangs, au commencement de l'année. Notre général avait dû faire entrer de fortes garnisons dans la ville et la citadelle de Bayonne, dans Navarreins, Saint-Jean-Pied-de-Port, et même dans le château de Lourdes. Le camp retranché de Bayonne renfermait un corps nombreux. Le maréchal disputait pied à pied le terrain à l'ennemi ; mais, bien qu'avançant avec lenteur, la marche de celui-ci n'en était pas moins assurée. Bientôt arriva l'ordre de diriger sur Paris deux divisions, fortes ensemble de quinze mille hommes. La division de dragons, la gendarmerie à pied, toutes les batteries d'artillerie à cheval, avaient déjà reçu la même destination. Alors le découragement s'empara de tous les esprits faibles. Il n'échappait d'ailleurs au jugement de personne, que, si neuf divisions françaises n'avaient pu se maintenir sur les Pyrénées, notre armée, affaiblie par le départ de vingt mille vieux soldats de toutes armes, pouvait sans doute s'illustrer encore, mais n'avait plus de succès décisif à espérer (1).

Attaché à ses devoirs et à l'honneur, le maréchal ne se laissait point abattre par des revers, qui n'étaient que les conséquences de l'état de faiblesse où l'on avait réduit son armée. Il prit une ligne défensive, qui n'était trop prolongée que relativement au petit nombre d'hommes qu'il commandait, mais qui retint quelque temps l'armée alliée, entre l'aile gauche des Français, appuyée à la place forte de Saint-Jean-Pied-de-Port, et l'Adour, les Pyrénées et la mer. J'ai dit ailleurs qu'il avait fait bien plus qu'on ne pouvait espérer, à l'instant où il ne lui était pas possible de reprendre l'offensive contre des adversaires nombreux et recevant journellement des renforts, tandis que, dans notre armée, les pertes les plus sensibles n'étaient compensées que par de lointaines et vagues espérances. Il contint longtemps l'ennemi. Mais, le 12 février, sir Rowland Hill

(1) *Histoire générale de Languedoc*, tome X.

attaqua le brave général Harispe, posté, et assez bien retranché à Hellete. La défense fut longue et vive ; mais l'ennemi disposait de forces triples de celles qui obéissaient à Harispe, et celui-ci se retira sur Garris et Saint-Palais. Wellington conçut alors l'espoir de détruire ce petit corps français, auquel s'était ralliée la brigade du général Paris. Il appela la division de W. Stewart, et la division espagnole de Morillo, et, à la tête de cette masse de troupes, il se précipita sur Harispe. Après un combat long et meurtrier, notre aile gauche se replia sur le Gave de Mauléon. La droite, commandée par le lieutenant-général Clauzel, prit position derrière la Bidouze. Le 17, l'ennemi dévoila ses desseins ultérieurs : il passa le Soison au gué d'Arrivarette, dans l'intention de se rendre maître d'Orthez et de Saint-Sever, et de faire une pointe dans l'intérieur du pays. Tandis que Wellington attaquait notre gauche, la sienne faisait un mouvement en avant. Pendant que les divisions de troupes légères du baron Alten et de sir Henry Clinton, postées sur la Nive et l'Adour, observaient les mouvements des troupes du camp retranché de Bayonne, sir John Hope préparait l'investissement de ce camp. Le 24, il faisait traverser l'Adour aux six mille hommes du général Howard, et Bayonne était bloquée des deux côtés du fleuve qui baigne ses remparts.

Quelques bataillons espagnols furent envoyés

vers Navarreins, afin d'observer les mouvements de la garnison de cette ville.

D'autres, auxquels on joignit des guérillas, investirent Saint-Jean-Pied-de-Port.

Retiré au-delà du Gave de Pau, le maréchal établit des têtes de pont sur l'autre rive; mais l'ennemi ne fit qu'une démonstration, pour attirer l'attention des Français, sur Peyrehorade et Sauveterre; et, se précipitant sur Villenave, au-dessous de Navarreins, il traversa le Gave et se mit en bataille sur la rive droite. Le maréchal rappela alors tous ses corps épars, repassa le Gave et parut le 25 aux environs d'Orthez. Il avait reçu quelques renforts, et il prit la résolution d'attendre l'ennemi dans cette position.

Je ne décrirai point ici la bataille d'Orthez. Longtemps repoussé, et après avoir fait des pertes considérables, lord Wellington voyait toutes ses espérances s'évanouir. Il crut, par une manœuvre désespérée, pouvoir paralyser l'ensemble de la résistance qu'il éprouvait; il appela ses réserves et dirigea des troupes, qui n'avaient pas encore combattu, sur le point qui unissait au centre l'aile droite de notre armée. Il crut pouvoir, par ce moyen, les séparer, les tourner, les battre en détail. Ce ne fut qu'à la seconde attaque, et par suite de la blessure du général Foy, que le moral des soldats parut un instant ébranlé, et que les troupes du centre se replièrent à la hâte sur une position en arrière. De son côté, Drouet-d'Erlon empêcha la séparation de nos masses, en se retirant parallélement au Gave.

A la gauche, Harispe n'avait pu, à cause du petit nombre d'hommes placés sous son commandement, repousser, ni même contenir les alliés placés sous le commandement de sir Thomas Picton, dont le corps fut renforcé par la division de réserve. La retraite ne fut pas exempte de quelque désordre; mais bientôt, l'armée, complètement ralliée, se présenta en bon ordre à Sault de Navailles, défendue par le Luy de Béarn.

Après avoir attendu vainement l'ennemi, le maréchal Soult opéra sa retraite par Castaignos, Cazabon, Hagetmau, Dune et Saint-Sever. L'armée couvrait encore Mont-de-Marsan, et toutes les routes qui conduisent à ce chef-lieu du département des Landes (1).

L'ennemi, aveuglé par un succès, bien chèrement acheté, rêva peut-être un triomphe complet; il crut que, traversant les Landes, qui n'offrent aucune position militaire, le duc de Dalmatie irait chercher un refuge sur la rive droite de la Garonne, et que l'armée alliée pourrait dorénavant, sans coup férir, prendre possession de l'ancienne Aquitaine et du Haut-

---

(1) Du Mège, *Hist. gén. de Languedoc*, tome X, p. 803.

Languedoc tout entier. Mais, tout-à-coup, par un mouvement, fruit d'une combinaison profonde, le maréchal abandonne la route des Landes ; il se porte sur celle d'Agen, qui communique avec celle de Toulouse par Auch : ses troupes traversent avec rapidité Grenade et Cazères, et il porte son quartier général à Barcelonne (1). L'aile gauche et le centre de l'armée prennent position en avant de cette dernière ville ; l'aile droite traverse l'Adour, occupe fortement la ville d'Aire et les hauteurs de Saint-Jean, où d'anciennes castramétations romaines servent de retranchements à nos soldats.

Le 2 mars, les positions d'Aire sont attaquées par l'aile droite de l'armée alliée, commandée par sir Rowland Hill. La division Stewart et une brigade portugaise sont plusieurs fois repoussées. L'ennemi éprouve des pertes considérables. Il ne peut continuer son mouvement, et nos troupes conservent l'avantage de manœuvrer encore sur les deux rives de l'Adour, et de couvrir les routes qui, par Auch, Tarbes et Saint-Gaudens, conduisent à Toulouse. Des pluies abondantes firent bientôt déborder tous les cours

---

(1) On ne confondra point, sans doute, ces deux premières localités avec deux grosses bourgades de ce nom qui font partie du département de la Haute-Garonne. Barcelonne est une petite ville du département des Landes, et est située à une faible distance de l'Adour.

d'eau : le plus chétif d'entre eux devint un torrent redoutable. Pendant ce temps, l'armée française, occupant tout l'espace entre Tarbes et Plaisance, put jouir de quelque repos. Les corps qui avaient le plus souffert, furent réorganisés. On vit arriver plusieurs centaines de nouveaux soldats; les armes furent réparées ; l'on reçut de Toulouse quelques pièces d'artillerie, et les munitions nécessaires pour les approvisionner.

Mais le général Decaën, trop faible encore pour tenter une pointe en deçà de la Dordogne, ne traversa point la Garonne. Les cinq cents hommes qui occupaient Bordeaux se retirèrent à Blaye, et le maréchal Beresford se dirigea vers la capitale de la Guienne, à la tête de quinze mille hommes.

Par cette manœuvre, une notable portion de la rive gauche de la Gironde fut soumise aux Anglais, entrés le 12 mars à Bordeaux.

D'un autre côté, sir John Hope avait resserré le blocus de Bayonne ; il était maître des routes qui conduisent dans cette ville. Seul, le maréchal, à la tête d'une poignée de soldats, luttait contre le nombre et la fortune. Instruit du mouvement opéré sur Bordeaux, et de l'affaiblissement de l'armée ennemie, qui se voyait privée d'un chef habile et du cinquième de son effectif, le duc de Dalmatie quitte son quartier général établi à Rabastens-de-Bigorre ; le 13 mars, il arrive à Conchez et à Lembeye, lieux occupés par les Anglais. Ceux-ci se retirent précipitamment et se rallient, à la hâte, derrière le Gros-Leez; ils font occuper Garlin par une de leurs divisions. L'occasion d'un succès éminent s'offrait à l'activité, au génie du général français ; mais toutes ses troupes ne l'avaient pas encore rejoint. En mesure d'attaquer le 14, la victoire aurait couronné ses combinaisons. Toutes ses divisions ne l'eurent rejoint que le 15, et les alliés avaient rassemblé tous leurs corps épars : « Soixante mille bayonnettes brillent sur le plateau de Garlin...... Soult n'en compte pas vingt-cinq mille dans ses rangs, éclaircis, décimés par tant de combats. Fier de sa supériorité numérique, l'ennemi paraît disposé à tenter une affaire générale. Le maréchal, qui comprend admirablement le devoir que les circonstances lui imposent, n'accepte point le combat; il se retire en bon ordre sur Lembeye; l'ennemi ne peut entamer ses colonnes, et le 16 et le 17, il est repoussé avec perte; sa cavalerie est vaincue à Viela et à Clarac (1). » Mais ses masses lui permettent de s'étendre, tandis que nous ne pouvons occuper qu'un espace resserré. Il se prolonge vers Maubourguet, se rend maître de la route de Condom, et menace l'un de nos flancs, tandis que d'un autre côté, manœu-

(1) Du Mège, *Hist. gén. de Languedoc*, tome X, p. 806.

vrant sur la route de Tarbes, il essaie de nous couper la retraite sur Toulouse, par Saint-Gaudens. « Cette route était la plus sûre, la plus militaire qui s'offrît à l'armée française. En supposant qu'elle éprouvât un revers, elle se retirait dans le département de l'Ariége, y ralliait les bataillons du général Lafitte, et, aussi, dans quelques marches, les excellentes troupes que le duc d'Albuféra rassemblait à Narbonne. Le 19, le duc de Dalmatie fit occuper Vic-de-Bigorre par le lieutenant-général Drouet-d'Erlon. Toute l'armée ennemie était en mouvement : sa droite s'était avancée par Conchez ; son centre avait traversé Castelnau-de-Rivière-Basse, et sa gauche Plaisance. Wellington avait indiqué à ses troupes pour point de concentration, Vic-de-Bigorre. Nous avions un corps d'observation à Lembeye ; ce corps se retire dans le meilleur ordre, prend position en avant de Vic, et dans les villages situés entre le Lechez et l'Adour : c'était notre arrière-garde. Nous nous formions, au même instant, sur un plateau peu éloigné du bois de Labatut. On arriva le soir à Tarbes. Là, le corps de Drouet-d'Erlon nous rejoignit, après avoir constamment repoussé les attaques des divisions placées sous les ordres de sir Thomas Picton. » Un écrivain (1), qui a laissé une *Histoire de la guerre*

---

(1) Alphonse de Beauchamp, tome II, p. 227.

d'Espagne, et que l'on croirait avoir suivi le quartier général de l'armée ennemie, a menti en cette occasion, comme il l'a fait assez souvent en racontant les combats livrés dans la Péninsule et en France.

II.

LA RETRAITE SUR TOULOUSE EST DÉCIDÉE. — DISPOSI-TIONS DE DÉFENSE.

On ne peut le nier, notre situation devenait, d'heure en heure, plus difficile. Il fallait rejoindre la ligne de la Garonne, et si l'on ne pouvait la conserver, faire chèrement acheter le passage de ce fleuve aux alliés, s'assurer du cours du Tarn, se mettre en communication avec le duc d'Albuféra et le général Lafitte, reconstituer, par là, d'une manière redoutable, l'armée des Pyrénées, et, si l'on ne pouvait d'abord reprendre l'offensive, traîner l'ennemi de position en position, et briser ses masses devant des retranchements, préparés d'avance, toujours défendus avec la valeur française, et cette héroïque tenacité, qui sied si bien à l'homme de guerre, et qui était l'un des traits les plus prononcés du caractère du maréchal.

Mais la défense de la ligne de la Garonne se bornait, depuis l'occupation de Bordeaux, à celle de Toulouse et de son ancien territoire, jusques au-delà d'Agen.

Toulouse, trois fois capitale de royaume, devenue plus tard celle d'une glorieuse dynastie comtale, puis de la plus riche de nos provinces, a toujours conservé une grande influence sur les destinées politiques de la Guienne, du Languedoc et de la Provence. Bâtie à vingt lieues de l'Espagne, presque au centre de l'isthme que pressent les deux mers, environnée de trois côtés par des cours d'eau, ayant à l'est des hauteurs qui peuvent lui servir de citadelle, placée au nœud des routes qui font communiquer le Midi avec le Centre et le Nord de la France, renfermant les plus importants établissements militaires, cette ville aura toujours, dans une invasion, une importance incontestable, alors même qu'elle demeurerait démantelée, comme elle l'est malheureusement aujourd'hui. Défendue convenablement, par un système de forts détachés, reliés entre eux par de nombreuses batteries, elle deviendrait un admirable centre de résistance. Le duc de Dalmatie ne l'ignorait point, et il voulut, en rendant pour quelques jours à cette ville un aspect menaçant, en faire acheter chèrement la conquête aux alliés, si, même, ce point ne devenait pour eux un écueil.

Aux temps romains, Toulouse avait une enceinte fortifiée, bâtie en cailloux roulés, et ayant un revêtement en briques, ce qui faisait dire à Ausone, en parlant des murs de *Tolosa* :

Coctilibus muris quam circuit ambitus ingens.

Cette enceinte était flanquée de tours. En 721, l'armée arabe, commandée par l'émir El-Samah, l'attaqua en vain, et c'est près d'elle que fut vaincu et tué ce chef, si célèbre dans les chroniques musulmanes et dans les chroniques chrétiennes. Vers 1159, les Anglais ayant investi Toulouse, attaquèrent les murs de cette ville et ne furent pas plus heureux que les Sarrasins. Forcés de lever le siége, ils furent poursuivis par le comte Raymond V, à la tête des troupes toulousaines et des troupes françaises. Montfort fit, plus tard, ouvrir de larges brèches dans cette enceinte ; mais ces brèches furent réparées, et Montfort périt, en 1218, à l'instant même où il attaquait cette ville. En 1356, pour mettre Toulouse en état de résister aux Anglais, il fallut en détruire les faubourgs ; mais alors, on unit les bourgades de St-Pierre et de St-Saturnin à la ville, par une ligne de murs flanqués de tours. En 1524, ces fortifications furent réparées, et l'on éleva, en avant des remparts, quelques plate-formes, quelques redans, qui, plus tard, devaient être revêtus en maçonnerie. Des ravelins furent construits devant les portes de l'Ile, de Muret, du

Château, de Saint-Michel, de Saint-Etienne et d'Arnaud-Bernard ; un bastion défendit aussi la porte du Château ; un autre fut construit entre les portes de Saint-Etienne et de Villeneuve.

Mais ces bastions, ces redans, ces plates-formes, ces ravelins, n'existaient plus en 1814. Les fossés étaient en partie comblés, et des maisons avaient été adossées aux murailles ; d'autres, bâties sur le terrain de l'ancienne contre-escarpe masquaient près de la moitié de l'enceinte, qui conservait néanmoins un terre-plein, ou terrassement, très-large, de la *Porte du Bazacle*, ou de *Saint-Pierre*, jusqu'à la *Porte de Las-Croses*, et de celle d'*Arnaud-Bernard* jusqu'à la *Porte-Neuve*, ou *du Ministre*. Ce terre-plein découvrait entièrement et pouvait battre le plateau opposé ; il recommençait à la *Tour de l'Amphithéâtre*, ou *des Chirurgiens*, et était continué jusqu'à la rampe de la *Porte Saint-Etienne*.

Dès les premiers jours de mars, M. Destouches, préfet du département, avait reçu l'ordre de s'entendre avec le général Travot, pour mettre en défense le faubourg de Saint-Cyprien, situé sur la rive gauche, point où viennent aboutir les routes qui, de l'Espagne, ou des Pyrénées, se dirigent vers le centre de la France. Il n'y avait, en ce moment, aucun officier du génie à Toulouse. M. Bellot, géomètre en chef du cadastre, et qui avait honorablement servi dans le *Régiment de la Couronne*, fut chargé de tracer, en avant de la grande barrière de St-Cyprien, et de celle de Muret, deux redans ; mais, un chef de bataillon du génie, extrêmement jeune, revenant d'une reconnaissance qu'il avait été chargé de faire sur la route de Saint-Gaudens, reçut l'ordre de résoudre ce problème : « Elever, dans l'espace de quinze jours et quinze nuits, au plus, une tête de pont en avant du massif des maisons du faubourg extérieur de Saint-Cyprien, et de manière à intercepter les trois routes de Muret, de Lombez et d'Auch ; rendre cette tête de pont assez forte pour résister à un coup de main, et même à une attaque prolongée pendant quelques jours. L'officier, chargé de ce travail, aurait à sa disposition une artillerie de fort calibre. Les troupes employées à la défense pourraient être portées à dix bataillons ; mais ce ne serait jamais que dans le cas d'une attaque où l'ennemi paraîtrait peu soucieux des pertes à éprouver, que l'on emploierait à la fois toutes ces forces. M. le chef de bataillon... s'occupera des moyens de défense à prendre si notre première ligne était forcée (1). »

Le projet fut tracé par le chef de bataillon, et adopté par le général ; les architectes de la ville, mis en réquisition, et ayant sous leurs ordres un

(1) Du Mège, *Hist. gén. de Languedoc*, tome X, p. 809.

grand nombre d'ouvriers, durent diriger ces derniers; les travaux commençaient, lorsque des officiers, arrivés du quartier-général, conçurent un projet qui avait peu de rapport avec celui du chef de bataillon, délégué d'abord par le général commandant la division.

Cet ingénieur élevait, dans les îles dites du *Ramier* et du *Bazacle*, des batteries dont le feu aurait empêché l'ennemi de cheminer vers le faubourg, ou du moins de se présenter sans éprouver des pertes énormes, car il aurait été pris sur ses deux flancs, et en tête, par un feu terrible, et qui n'aurait pu être facilement éteint. Suivant le projet exécuté, il y eut deux lignes de défense : la première commençait par un bastion couvrant la *porte de Muret* (1). De ce point, un large fossé s'étendait devant les murs de ville et ceux des jardins, tous crénelés (2); la grande grille du faubourg était défendue par deux petits blockhaus (3); sur la place du Ravelin s'élevait un bastion (4), dont la gorge se rattachait au mur de ville, flanqué de tours. La seconde, commençait à l'avenue de Muret et se terminait, sans toucher cependant à la rive gauche de la Garonne, au sentier qui conduit au moulin de Bourrassol, ou

(1) Voyez la Carte topographique, N° 2.
(2) Ibid., N° 1.
(3) Ibid., N° 3.
(4) Ibid., N° 5.

de Saint-Félix. Une coupure avait été pratiquée sur la route de Muret, en arrière, et à une petite distance des murs du cimetière. Un parapet, d'un profil très-faible, s'étendait ensuite jusques à un redan, d'où il se dirigeait en ligne droite vers le chemin neuf de Saint-Simon, où l'on avait établi une sorte de bastion. De là, se projetant un peu plus dans la campagne, la ligne continuait jusques à un ouvrage qui coupait le chemin de Cugnaux. De ce point, les murs en pisé, et les maisons qui y sont adossées, sur l'un des côtés du *chemin de la Gravette*, servaient de défense jusqu'à la *Patte-d'Oie*, lieu où se réunissent les routes de Bayonne, de Lombez, et une autre qui n'est qu'ébauchée encore (1). L'hémicycle, existant sur ce point, fut coupé de manière à présenter six faces, et chacune de celles-ci dut recevoir une batterie destinée à balayer les avenues de la ville et les jardins où l'ennemi pourrait pénétrer. Extérieurement, une redoute, s'unissant aux maisons Aurole et Chastel, qui avaient été crénelées, coupait la route de Cugnaux, et, le jour du combat, le feu parti de cet ouvrage, fit beaucoup de mal aux assaillants. Cette redoute les tenait à une notable distance de l'enceinte extérieure que l'on venait de créer (2).

De la *Patte-d'Oie*, à droite, une autre ligne

(1) Voyez la Carte topographique, N° 6.
(2) Ibid., N° 10.

défendait le faubourg; elle coupait l'ancien *chemin de Saint-Martin*, qui était autrefois la voie romaine d'Auch à Toulouse. Au point où elle le traversait, on avait tracé un ouvrage pour flanquer cette portion de la ligne, qui laissait libre tout l'espace situé entre la route et la Garonne. En arrière, et non loin de la grande route de Tarbes à Toulouse, par Auch, on avait massé un petit ouvrage, et le chemin était coupé. Tout le côté droit de cette voie était retranché, de l'hémicycle jusqu'à la maison Rodolose, que l'on avait crénelée et qui était environnée d'un assez bon ouvrage de campagne; de là une autre ligne s'étendait vers le moulin de Bourrassol, ou de Saint-Félix, point où l'on avait voulu établir une inondation à l'aide des eaux de ce moulin (1).

Tous ces travaux, toutes ces lignes, plus ou moins perfectionnées, semblaient annoncer que le maréchal ne croyait pas encore à un passage de rivière par l'ennemi, soit en amont, soit en aval de Toulouse, et qu'il pensait qu'il aurait seulement à livrer un long combat et à faire éprouver de grandes pertes aux alliés, en défendant les abords du pont de Toulouse; sauf à prendre ensuite une position sur la rive droite du Tarn, après avoir d'avance occupé Montauban. Le duc d'Albuféra pouvait d'ailleurs, par un mou-

(1) Voyez la Carte topographique, Nos 7 et 10.

vement en avant, défendre l'entrée du département de l'Aude et se mettre en communication avec l'armée du duc de Dalmatie. L'ennemi se serait trouvé, par là, même après avoir pris possession de Toulouse, arrêté dans sa marche, et forcé de faire face, de deux côtés, à ses illustres adversaires.

Il y eut sans doute quelques omissions essentielles dans le tracé des ouvrages du faubourg Saint-Cyprien. Dans son rapport à lord Bathurst, Wellington a dit, il est vrai, que ce faubourg *était défendu par de bons ouvrages de campagne;* mais il fallait faire, peut-être, quelque chose de plus capable de résister à un coup de main; surtout, il fallait appuyer la ligne extérieure, de manière à ce qu'elle ne fût point tournée comme elle le fut le 10 avril. On pouvait, d'ailleurs, jeter assez de feu dans la plaine pour rendre difficile, si ce n'est même impossible, l'approche de nos fortifications. Le faubourg de Saint-Cyprien est placé dans un rentrant, dont la rivière dessine les deux côtés. Des îles s'étendent sur ses deux faces; si l'on y avait établi des batteries de grosse artillerie, comme le proposait l'officier qui, ainsi qu'on l'a vu, avait été chargé, par le général Travot, du soin de former la tête de pont, le feu de ces batteries aurait empêché de s'avancer vers nos ouvrages extérieurs; les colonnes ennemies auraient été prises en flanc, et n'auraient pu cheminer qu'en faisant des pertes énormes.... Consignons ici que l'on ne s'occupa d'abord qu'assez mollement des travaux de défense, et que les habitants ne comprirent guère ce que produirait la destruction de la belle promenade qui existait en dehors de la masse des habitations du faubourg. Les militaires affirmaient, avec raison, que les beaux arbres qui ombrageaient si bien cette partie du boulevard, ne pouvaient, en aucune manière, favoriser l'ennemi. Ils ajoutaient qu'ils auraient pu approuver qu'à l'approche de l'armée alliée on eût fait des abattis en coupant à moitié les arbres qui bordaient les avenues d'Auch, de Lombez et de Muret, en cherchant par là à rendre impossibles, ou du moins très-difficiles, les manœuvres de l'ennemi sur ces routes; mais que, détruire ces magnifiques avenues, seulement pour se procurer le bois nécessaire à la confection de deux petits ouvrages palanqués, ou blockhaus, et de quelques chevaux de frise, c'était exercer, sans aucune nécessité, un acte de vandalisme (1). »

(1) Du Mège, *Hist. gén. de Languedoc*, tome X, p. 810.

III.

HABILES MANOEUVRES DU MARÉCHAL. — L'ARMÉE ARRIVE A TOULOUSE.

Tandis que l'on traçait la tête de pont qui devait défendre Toulouse, sur la rive gauche de la Garonne, les deux armées manœuvraient avec la plus grande activité. Le 20 mars, nous fûmes menacés d'une attaque générale ; notre gauche était à Tarbes, notre droite s'étendait vers Rabastens. Le lieutenant-général Rowland Hill, renforcé par la division de Thomas Picton, s'avança de Vic sur Tarbes, dans le dessein de se présenter devant le front de cette position, de faire croire qu'il avait le dessein de l'emporter de vive force, pendant que trois autres divisions de l'armée alliée, après avoir traversé l'Adour, non loin de Vic, marcheraient sur Rabastens, afin de tourner notre droite. Mais, comme je l'ai dit ailleurs, toutes ces dispositions furent rendues inutiles par celles que prit le maréchal Soult. « Les troupes anglaises, selon les bulletins ennemis, traduits par Beauchamp, gravissaient la position des Français, pour..... recueillir les fruits de leurs efforts, quand, à leur grande mortification, elles découvrirent une partie considérable de l'armée française, formée sur une hauteur parallèle, d'une grande force, à cheval sur la route de Tournay, et, de plus, une troupe de cinq mille hommes environ, qui occupaient auparavant la première position, et qui montaient alors la hauteur parallèle pour joindre le gros de l'armée française. Cette nouvelle ligne était trop forte pour être attaquée de front, sans s'exposer à une perte très-considérable. Pour conserver l'avantage qu'on avait remporté par le mouvement de flanc, il devint nécessaire que le corps de Rabastens se portât encore plus en avant. Il fallut tant de temps pour faire de nouvelles dispositions, et, en outre, pour effectuer la marche, que le jour se termina avant qu'on eût rien tenté de nouveau (1). »

Après différentes manœuvres, notre armée, abandonnant Tarbes, fut bivouaquer sur les hauteurs de Barbazan et d'Oleat. Par notre retraite, l'ennemi devint maître de la tête des différentes routes, qui, par Trie, Masseube et Auch, ou par Boulogne et Lombez, se dirigent vers Toulouse. Une seule voie restait au maréchal pour opérer sa retraite, c'était celle qui, par Lannemezan, Montrejeau et Saint-Gaudens, se dessine vers nos plaines. C'était la meilleure, et, comme je l'ai dit, la plus militaire de toutes. A Saint-Martory, elle offre une position formidable, et le défilé de

---

(1) Beauchamp, *Histoire de la guerre d'Espagne*, etc., tome II, p. 227.

l'Escalère aurait pu être défendu pendant longtemps, et avec avantage. J'ai montré, ailleurs, que l'ennemi, croyant pouvoir atteindre Toulouse avant nous, et en ayant même le pouvoir, le maréchal Soult n'était peut-être pas sans inquiétude pour cette partie de son armée, qui, le 21, couvrait encore la route de Lombez, où l'ennemi voulait pénétrer. Mais cette circonstance, qui aurait pu entraîner des suites fatales, si nous nous étions engagés dans cette voie, devint, par l'habileté du maréchal, un événement favorable à l'armée.

En s'assurant de la route de Lannemezan à Toulouse, le duc de Dalmatie était maître, comme on le sait, de changer son plan d'opération, d'entrer dans le département de l'Ariége par le pont de Saint-Martory, d'y rallier les gardes nationaux, ou vieux soldats, rassemblés par le général Lafitte, et d'appeler à lui les onze mille hommes que Suchet avait déjà réunis sous Narbonne, braves éprouvés dans cent combats, et dont il aurait pris le commandement, comme lieutenant-général du chef de l'Etat. Dans cette occasion, il lui aurait suffi d'envoyer, par la rive droite de la Garonne, une division, qui aurait défendu la tête de pont de Toulouse. Cette division aurait trouvé dans la ville six bataillons de nouvelle formation, et qui appartenaient aux 32e, 64e, 74e, 75e de ligne, 9e et 12e léger. Il y avait de plus alors, à Toulouse, un corps formé du mélange des débris, ou dépôts, de plus de trente vieux régiments ; et, ces sept ou huit mille hommes réunis auraient pu défendre avantageusement la tête de pont, armée d'ailleurs d'une nombreuse artillerie. Ainsi, trompé dans sa poursuite, et forcé de s'étendre sur une surface immense, l'ennemi n'aurait été fort nulle part, et le moindre échec aurait été pour lui le signal de la retraite (1).

Mais il fallait l'entraîner dans une méchante route, lui dérober une ou deux marches, et arriver, sans coup férir, à Toulouse.

Clauzel commandait le corps qui avait été d'abord chargé de couvrir le chemin qui, par Boulogne et Lombez, conduit à Toulouse. Il avait sous lui les divisions Harispe et Villate. Puissant par le nombre, l'ennemi hâtait sa marche pour nous précéder, et il aurait pu envelopper le corps, qui semblait destiné à défendre cette voie, qui d'ailleurs, était dans le plus mauvais état possible. Croyant pouvoir y envelopper notre aile gauche, les alliés semblaient vouloir s'y précipiter. C'était obtenir un succès que de les y engager, en leur faisant concevoir l'espérance de nous enlever deux divisions. Wellington donna dans le piége qui lui était tendu. Dès que son mouvement fut prononcé, Soult rappela près de lui, à Saint-Gaudens, la division

(1) Du Mège, *Hist. gén. de Languedoc*, tome X, p. 807.

Harispe, qui formait l'arrière-garde de l'aile gauche. Villate dut abandonner de suite sa direction sur Boulogne, et se rejeter de même sur Saint-Gaudens. Pendant ce temps, les alliés, poursuivant leur dessein, s'enfoncèrent dans cette route, que nous leur abandonnions avec joie. L'armée française, tout entière, ne pouvant plus être inquiétée dans sa marche, quitta Saint-Gaudens le 22 mars, et arriva le soir à Martres. Le 23, elle bivouaquait dans la plaine de Noé; le 24, elle prenait une position demi-circulaire en avant de Toulouse. L'aile droite, commandée par le lieutenant-général Reille, officier du plus grand mérite, était formée des divisions Taupin et Maransin; elle s'étendit de l'embouchure du Touch et du pont Saint-Michel jusques à celui de Saint-Martin, occupant ce village, observant la route d'Auch, et couverte par le Touch, petite rivière dont le lit est très-encaissé. Le lieutenant-général comte d'Erlon, qui commandait le centre, s'établit en-deçà du Touch, occupant néanmoins le village de Tournefeuille et les lieux voisins.

La gauche coupait la route de Seysses et celle de Saint-Gaudens, par Muret, et s'appuyait à la rive gauche de la Garonne.

La division de cavalerie formait une chaîne d'avant-postes, éclairant les avenues dans toutes les directions. L'arsenal de Toulouse, qui avait fourni presque toute l'artillerie nécessaire à nos armées, durant la guerre d'Espagne, allait pourvoir encore aux besoins de celle des Pyrénées. Le maréchal y renouvela une partie du matériel de ses divisions; il y trouva les munitions et les approvisionnements nécessaires pour une longue campagne. Le général Tirlet prit soin de tout ce qui était relatif à cette partie si nécessaire de nos moyens de défense. Les colonels Vaudrey et Bruyer, directeurs de l'arsenal et du grand parc de l'armée, s'occupèrent avec activité de tout ce qui était relatif à cette opération. L'artillerie de campagne fut établie à raison de six bouches à feu par division d'infanterie; celle de position fut considérablement augmentée. Il restait beaucoup de superflu; une partie de celui-ci dut être gardé pour la bataille qui se préparait; l'autre, jugée inutile, fut dirigée sur la route de Paris. Cette route était défendue par la division Loverdo, qui, ainsi que nous l'avons dit, occupait Montauban, où elle établissait une forte tête de pont.

Le 25 mars, l'ennemi parut en face de notre ligne, débouchant par toutes les routes qui y conduisaient. L'attaque fut simultanée; notre aile gauche dut, après plusieurs charges de cavalerie, prendre position, seulement à quelques centaines de mètres du faubourg Saint-Cyprien. Le centre suivit lentement ce mouvement de retraite, mais ce ne fut point sans combattre. Le général Darmagnac reçut, à Tournefeuille, l'attaque impétueuse de deux divisions : il céda le village, mais il conserva le pont, et le défendit avec succès, déployant ses troupes sur la rive droite du Touch. Il resta dans cette position jusqu'au 27 mars. Le général Darricau, qui avait remplacé Taupin à Saint-Martin, effectua un mouvement analogue : il abandonna le village, mais il garda le pont, se mit en bataille sur les hauteurs de Purpan, et n'entra dans le faubourg qu'au même instant où Darmagnac y arrivait lui-même.

On avait combattu vaillamment, mais l'ennemi venait d'atteindre le but qu'il se proposait; ses deux ailes s'établissaient de manière à nous resserrer complètement dans la tête de pont de Saint-Cyprien.

Ce n'était pas tout.

Quelle que fût l'imperfection de nos retranchements, lord Wellington avait la certitude que, défendus en personne par son illustre adversaire, il ne pourrait que difficilement s'en rendre maître, si même il n'échouait pas complètement dans cette entreprise. Il n'ignorait point, d'ailleurs, que, dans la supposition d'une réussite, cette conquête, qui serait à coup sûr chèrement acquise, n'empêcherait point le maréchal d'opérer sa retraite sur le Bas-Languedoc, ou sur la ligne du Tarn, ligne dont il avait déjà pris possession, en faisant occuper Montauban par le général

Loverdo, qui mettait en défense les faubourgs de Gasseras et de Toulouse, par une ligne de redoutes, se flanquant mutuellement et dont le développement était d'environ 2,000 mètres. Le général anglais voulut obtenir, par une manœuvre hardie, et sans combat, l'évacuation de la ville. Il espérait ne recommencer ensuite, que dans des positions moins redoutables, une lutte que le génie et le dévouement du maréchal Soult pouvaient prolonger longtemps encore; peut-être même espérait-il pouvoir nous bloquer dans Toulouse. Quoi qu'il en soit, dès le 28 mars, il fit partir son équipage de pont, du village de Tournefeuille, où on l'avait amené, pour Portet, lieu où jadis le fameux prince Edouard avait traversé la Garonne. Mais ce fleuve ayant paru trop large en cet endroit, on fit remonter les pontons jusqu'à Roques, village situé au-dessus du confluent de l'Ariége. Ils furent placés en face du village de Pinsaguel, à plus de deux lieues en amont et au midi de la ville.

J'ai cru autrefois (1), et mon opinion n'est point changée, que, si lord Wellington n'avait pas eu l'assurance que le duc d'Albuféra ne devait point quitter ses cantonnements, sous les murs de Narbonne, il n'aurait pas cherché à atteindre ainsi la route du Bas-Languedoc, que devait suivre ce

(1) Du Mège, *Hist. gén. de Languedoc*, tome X, p. 813.

maréchal pour se rapprocher de Toulouse. « Tranquille de ce côté, le commandant en chef de l'armée alliée pressa la marche de son aile droite, sous les ordres de sir Rowland Hill. Celui-ci traversa la Garonne et s'empara du pont d'Auterive, sur l'Ariége ; mais il trouva impraticables les chemins qui, de ce bourg, conduisent à Villefranche. Une reconnaissance faite par quelques gendarmes, à deux portées de pistolet de ses grand'gardes, parut d'ailleurs, au général anglais, l'indice de l'approche d'un corps ennemi. Il rétrograda en toute hâte, laissant quelques voitures d'artillerie dans les boues du Lauraguais. »

La nouvelle du passage des Anglais fut portée, à Toulouse, dans la matinée du 31. L'alarme fut grande : on voyait, par cette manœuvre, que l'ennemi, voulant forcer notre armée à évacuer la rive droite de la Garonne, ne nous laissait guères d'autre retraite que vers Castres, Albi ou Montauban. Ce dernier point était même celui que le maréchal Soult semblait indiquer. Tout espoir de jonction avec l'armée d'Aragon paraissait perdu, et l'immense ligne des Pyrénées, prise à revers, dans presque toute sa longueur, allait laisser à découvert et le flanc gauche des troupes commandées par le maréchal Suchet, et le Roussillon dont il était encore le maître.

Il n'y avait pas un instant à perdre. Dès que le duc de Dalmatie apprit le passage des alliés, il envoya l'aile gauche et le centre de son armée, sur les hauteurs de Pech-David, faisant garder par la cavalerie du général Soult, son frère, l'espace compris entre ces hauteurs et le canal de Languedoc. On occupa Pouvourville et Vieille-Toulouse, positions très-élevées, et d'où l'on voyait tous les mouvements de l'ennemi dans les vastes plaines de la rive gauche. Un fort détachement s'établit à Castanet, envoyant des reconnaissances au-delà même de Baziége. Le faubourg de Saint-Michel fut fortifié à la hâte; et, tandis que les généraux Clauzel, Drouet-d'Erlon, Villate, Darricau, Darmagnac, attendaient sir Rowland Hill, la droite de l'armée, commandée par les généraux Reille, Taupin et Maransin, et la réserve sous les ordres de Travot, se préparaient à la défense de la tête de pont de Saint-Cyprien (1).

On a vu que la tentative de l'ennemi n'eut aucun succès en amont de la ville. On aurait dû en tirer la conséquence que Wellington essaierait, sur un autre point, de traverser le fleuve qui baigne Toulouse, et qu'il jetterait son armée dans la plaine qui s'étend à l'ouest de la capitale du Languedoc. Ces prévisions auraient dû nous porter à fortifier de suite ce côté de la position. Mais on parut croire que

---

(1) Du Mège, *Hist. gén. de Languedoc*, tome X, p. 813.

les alliés ne tenteraient point ce passage. Cette fausse sécurité nous abusa.

L'équipage de pont des Anglais fut transporté en aval de Toulouse, près du village de Seilh, le 4 avril au matin. Le maréchal Beresford passa sur la rive droite avec dix mille hommes d'infanterie, et quelque peu de cavalerie. La quatrième armée espagnole, sous les ordres de don Manuel Freyre, allait le suivre, avec la division légère. Le 5, l'armée alliée aurait été en présence de nos retranchements. Mais, dans la nuit, le fleuve, grossi par de longues pluies, avait franchi ses rives, et les flots, plus rapides, battaient avec force les pontons, assez mal reliés entre eux. Tout à coup, de grosses barques, pesamment chargées, apparaissent. Cette masse frappe avec violence le pont ennemi, qu'aucune estacade ne préserve, qu'aucune précaution n'a garanti. Le centre des pontons est entraîné à la dérive, et les deux portions disloquées qui restent, se rangent sur les bords opposés, où elles échouent (1).

On apprit bientôt cet événement au quartier général : la position de Beresford était affreuse. Le maréchal Soult pouvait marcher avec trois ou quatre divisions, et toute sa cavalerie, vers les ennemis, dépourvus d'artillerie, de munitions,

---

(1) Du Mège, *Hist. gén. de Languedoc*, tome X, p. 813.

et ne pouvant recevoir aucun secours de la rive opposée. L'aile droite et le centre de l'armée française auraient d'ailleurs été renforcés par le général Loverdo, qui serait accouru de Montauban à la tête au moins de trois mille hommes. Il suffisait de lui en envoyer l'ordre par la route de Fronton, dont nous étions les maîtres. « Pour résultat de ce mouvement, dit le général Lapène (1), on aurait obtenu, non-seulement un nombre considérable de prisonniers, mais nous nous serions rendu les maîtres des pontons jetés sur la rive droite, et l'ennemi ne pouvait plus tenter le passage du fleuve (2). La portion de l'armée coalisée isolée sur cette rive, sans munitions, sans vivres, privée de tout espoir de succès, se regardait déjà comme la proie des Français. Une profonde consternation régnait aussi sur la rive opposée. On y voyait le désastre, et toutes les conséquences pouvaient en être calculées. L'abandon, le sacrifice de dix mille hommes d'avant-garde fut, dit-on, résolu au quartier général des alliés. On y agita même si, avant que la nouvelle de ce revers ne vînt à accroître l'ardeur de quelques cantons voisins des Pyrénées, que l'ennemi jugeait les plus redoutables, et où il savait que des partisans commençaient à s'organiser dans l'ombre,

---

(1) *Evénements militaires devant Toulouse*, p. 47.
(2) L'ennemi n'avait pas avec lui d'autre équipage de pont.

prudence n'exigeait point qu'il fût procédé à une retraite définitive. »

Cette perte de toute une avant-garde, commandée par le plus renommé des généraux anglais, et la retraite de l'armée alliée, auraient influé d'une manière définitive sur le sort de la campagne. On sait (1) qu'en outre des corps de partisans qui se formaient dans les Basses et Hautes-Pyrénées, dans le Gers et dans l'Ariége, les populations n'attendaient qu'un signal pour se lever en masse, pour fondre sur les détachements ennemis, sur les convois, les ambulances, et pour attaquer les petites garnisons, les corps détachés que les alliés avaient laissés sur leurs derrières. L'esprit public se soutenait d'ailleurs par l'espoir d'un mouvement opéré par le duc d'Albuféra. Chaque jour, on disait qu'il s'était porté vers Saint-Martory, ayant avec lui le général Lafitte et les bataillons ariégeois; qu'il menaçait fortement la retraite de l'ennemi, et qu'il allait même attaquer le flanc droit de celui-ci. Bientôt on assurait, au contraire, qu'il s'avançait vers Toulouse, et que déjà son avant-garde était à Castelnaudary. Mais toutes ces espérances devaient s'évanouir.... Sans doute, le sang ennemi allait encore rougir le sol de la noble France; sans doute, la gloire des armes allait être encore sauvegardée; mais, on allait, évidemment, aban-

(1) *Hist. gén. de Languedoc*, tome X, p. 814.

donner Toulouse ; on allait, sur un autre point, combattre encore ; on allait encore faire une marche en arrière ; et c'était au moment même où le désordre, qui accompagne toujours la plus savante retraite, était complètement réparé, où le général Decaën allait peut-être entrer dans Bordeaux, où toute la rive droite nous appartenait encore, où les généraux Despans et Gaussart, établis à la Réole, organisaient la défense et envoyaient des reconnaissances sur Condom ; à l'instant enfin où, sur les derrières des alliés, les places de Lourdes, de Saint-Jean-Pied-de-Port et de Navarreins n'étaient que faiblement bloquées, et où les troupes du camp retranché de Bayonne étaient pleines d'ardeur et d'espérance, que l'on renonçait à un succès assuré, que l'on dédaignait, en quelque sorte, une victoire facile, et qu'aucune combinaison stratégique ne pouvait empêcher.....

Une prudence, peut-être trop excessive, opposa un obstacle invincible à un succès qui paraissait assuré. Loverdo, qui avait réuni trois mille hommes dans le faubourg de Villebourbon, à Montauban, n'attendait que l'ordre de marcher à l'ennemi ; mais cet ordre n'arriva point.........
Les trois ou quatre divisions, que l'on aurait pu diriger contre l'avant-garde commandée par Beresford, ne sortirent point de Toulouse ; et, après trois jours d'anxiété, les Anglais rétablirent

leur pont et poussèrent en avant l'élite de leur armée.....

Certes, si, à l'instant où les Anglais passèrent la Garonne, en amont de Toulouse, on avait pourvu à la défense des avenues de cette ville, du faubourg Saint-Michel jusqu'à l'embouchure du canal de Languedoc, on aurait pu créer un système de défense formidable. Nos redoutes auraient toutes été palissadées et armées avec soin. Mais ce ne fut que le 4, dans la soirée, que l'ordre arriva de fortifier le nord et l'est de la ville.

On ne profita point, sans doute, de tous les avantages du terrain ; mais ce ne fut pas le génie qui fit défaut : ce fut le temps, le temps, toujours si précieux, et surtout à la guerre. La ville de Toulouse était resserrée sur la rive droite, par une enceinte flanquée de tours qui s'appuyaient, au midi et à l'occident, à la Garonne. Une partie de cette enceinte était terrassée; l'autre ne l'était plus ou ne l'avait jamais été. Les murs, étant très-élevés, avaient un fort commandement sur la campagne; quelques longues portions de fossés subsistaient encore; d'autres avaient été comblées, et, dans ces dernières parties, les maisons touchaient aux anciens murs de la ville. En avant, le canal de Languedoc et celui de Saint-Pierre en défendaient les approches.

Dans ces derniers temps, on n'a point respecté cette enceinte, qui devait être conservée, et comme monument historique, et comme moyen de défense. Des habitations nombreuses se pressent dans les lieux où l'on ne voyait, en 1814, que des jardins et des vergers. On a paru trop oublier, depuis cette époque, l'importance militaire de Toulouse. L'un de nos meilleurs officiers, le lieutenant-général Pelet, disait, cependant, le 7 mai 1837, à la Chambre des Pairs : « La ville de Toulouse et la partie du cours de la Garonne qu'elle domine sont comprises dans la zone militaire où les grands travaux doivent être soumis à la commission mixte. L'emprunt des eaux fait à la Garonne (pour le canal latéral), dans la partie qui en est la plus dépourvue, rendra son cours plus incertain, empêchera le creusement du thalweg, favorisera les comblements, et par conséquent les gués au milieu du fleuve. Une funeste expérience nous a appris, en 1814, que la partie de la Garonne comprise entre Toulouse et le confluent du Tarn, joue un grand rôle dans la défense de notre territoire. La commission de défense, instituée en 1819 par le maréchal Saint-Cyr, frappée de l'importance militaire de la ville de Toulouse, décida, après un long examen, qu'il y serait créé une place pour appuyer le centre de la défense des Pyrénées.

» Le maréchal Soult, qui a si glorieusement disputé aux alliés, pendant six mois, cette partie du territoire français, a signalé, en 1832, dans un rapport au roi, la ville de Toulouse comme un des principaux points stratégiques du royaume ; les cours d'eau, les communications, les canaux, affluent de toutes parts sur ce point, en font un immense dépôt et un centre de défense pour toute la frontière. Le maréchal rappelait, dans les intérêts de la défense générale, la faute qui a été commise, d'abattre l'enceinte de Toulouse. N'ajoutons pas, messieurs, à cette faute, celle de diminuer la force du dernier obstacle naturel qui défend notre territoire de ce côté..... Je vous déclare que le jour où le canal latéral sera commencé, il devra vous être demandé un crédit de 12 ou 15 millions, pour élever à Toulouse, ou sur tout autre point central de la frontière et du canal, une place forte, au moins du deuxième ordre (1). »

Cette importance militaire, le duc de Dalmatie l'avait bien reconnue, dès 1814, en dirigeant sa retraite sur cette place, en y attirant l'ennemi, en y préparant les moyens d'y arrêter les efforts de celui-ci, et de lui faire éprouver de nombreuses pertes, sous ses vieilles murailles, célèbres dans nos annales, et dont on s'est plu, depuis, à faire disparaître jusqu'aux dernières traces.

J'ai dit ce qui avait été fait, à la hâte, pour

---

(1) *Moniteur* du 8 mai 1837. — Du Mège, **Hist. gén du Lang.**, tome X, p. 12.

couvrir et défendre le faubourg Saint-Michel, le 31 mars et les deux jours suivants, lors du passage de la Garonne par les Anglais, en amont de Toulouse. Leur marche sur cette ville, après l'établissement définitif de leur pont, bien au-dessous de celle-ci, exigeait de notre part des travaux défensifs : ils ne commencèrent que le 5 avril. Le peu de temps employé à leur construction put nuire à leur force ; mais leur tracé, en général bien entendu, doit honorer ses auteurs. Plusieurs points furent, malheureusement, négligés ; mais il faut, sans doute, l'attribuer au peu de temps donné pour mettre, en un état de défense respectable, les trois lignes dont le génie militaire dut s'occuper à la fois.

Ainsi, on se préparait à recevoir l'attaque de l'armée ennemie sous les murs de la capitale du Languedoc.

Le 8 avril, quarante mille étrangers, munis d'une nombreuse artillerie, furent jetés sur la rive droite de la Garonne. Nos communications avec la division du comte Loverdo, établi à Montauban, se trouvèrent interceptées, et Wellington envoya de fortes reconnaissances sur les villages de Lespinasse, de Pechbonieu et de Saint-Loup, et bientôt jusqu'à celui de Lalande. Les troupes françaises, qui occupaient depuis quelques jours des positions sur la route de Toulouse à Montauban, par Saint-Jory, et même sur celles d'Albi et de Castres, se replièrent successivement vers Toulouse. Nos postes avancés s'étendirent seulement vers Lalande, Croix-Daurade et Montaudran. Cette ligne avait, devant elle, la petite rivière de Lers, dont on aurait dû détruire tous les ponts.

En complétant l'*Histoire de la Province de Languedoc*, j'avais fait remarquer (1) que, dans sa lettre au comte Bathurst, le général ennemi n'avait fait aucune mention, ni de la rupture du pont qu'il avait jeté vers Seilh, le 4 avril, ni des anxiétés qu'il dut éprouver, ni de la position périlleuse où se trouva pendant trois jours son avant-garde, lancée sur la rive droite de la Garonne, sans artillerie, et pouvant être culbutée dans le fleuve qu'elle avait franchi. Cette réticence n'honorerait pas la mémoire de lord Wellington, si on ne pouvait soupçonner qu'elle fut l'œuvre du ministre, qui ne voulut pas faire connaître au peuple anglais les dangers qu'une notable partie de l'armée alliée n'avait évités que par la détermination du duc de Dalmatie. « La continuité de la pluie et le mauvais état des chemins, dit le général anglais, *ne permirent que dans la matinée du 8 d'établir les pontons.* » Pour être vrai, il aurait fallu dire : DE RÉTABLIR *les pontons*. Un

---

(1) Du Mège, *Histoire générale de Languedoc*, tome X, pages 820, 821.

écrivain qui n'est pas suspect, car il donne toujours l'épithète d'*ennemie* à l'armée française, dément de la manière la plus formelle le récit de lord Wellington (1). « Celui-ci chercha, dit l'historien, à effectuer le passage en descendant la rivière, et à attaquer Soult en front, avant qu'il fût renforcé. Il choisit une courbure favorable de la Garonne, à une demi-lieue au-dessus de Grenade, bordant la principale route de cette ville à Toulouse, et il établit de fortes batteries sur le fleuve. *Les pontons furent jetés au point du jour,* LE QUATRE AVRIL, quoique toute l'armée française fût à peu de distance. Le courant était rapide, et la rivière était large de 127 verges. Néanmoins, en quatre heures, depuis le commencement de l'opération, les troupes commencèrent à passer le pont. Trois divisions d'infanterie et quelque cavalerie, sous les ordres du maréchal Beresford, étaient déjà passées, et les Espagnols du général Freyre, avec la division légère, allaient suivre, quand la rivière s'enfla si considérablement et le courant devint si rapide, que le pont, ne pouvant tenir plus longtemps, fut écarté. LE CINQ, la rivière continua de grossir, et le courant devenant plus rapide, le centre des pontons fut successivement emporté, et, enfin, le tout fut entraîné. *Le maréchal Beres-*

---

(1) Alphonse de Beauchamp, *Histoire de la guerre d'Espagne*, tome II, pages 231-234.

ford, avec trois divisions, resta sur la droite de la Garonne, *séparé du principal corps de l'armée*, et donnant à Soult l'occasion d'une rencontre avantageuse...... LE HUIT, les courants ayant baissé, LES PONTONS FURENT RÉTABLIS. » On voit que ce récit (1) offre une exposition exacte des faits principaux, et donne un démenti formel à la relation du général ennemi.

La marche des alliés vers les positions que l'on fortifiait avec activité n'étonna point l'armée française. Le maréchal, comptant avec raison sur les ressources de son génie, le talent éprouvé de ses généraux, la bravoure de ses régiments, le dévoûment de tous, préparait les moyens de résister avec avantage aux masses que l'on allait lancer sur lui. Il aurait organisé la victoire, si les secours promis, attendus, étaient arrivés; si les braves soldats, qui gémissaient de leur inaction sous les murs de Narbonne, avaient pu joindre leurs armes, constamment victorieuses, à nos armes, souvent teintes du sang ennemi, dans cette glorieuse campagne de France, qui fut illustrée par tant de sacrifices, par tant d'actions que l'histoire aurait dû recueillir.

Nous avons indiqué (2) les travaux défensifs

---

(1) Du Mège, *Histoire générale de Languedoc*, tome X, pages 820, 821.

(2) Ibid.

exécutés du couvent des Récollets jusqu'à la ligne qui liait le château du Busca à la grande allée de l'Esplanade. Les *Portes de Saint-Michel, Montgaillard, Montoulieu, Saint-Etienne, Neuve, Matabiau, Arnaud-Bernard* et *Saint-Pierre* furent gardées (1). La seconde, la troisième et l'avant-dernière avaient des épaulements, non terminés encore le 10 avril. Sur le mur d'enceinte, flanqué de tours (2), à la gauche de la *Tour de l'Artificier* ou de *Notre-Dame-du-Rempart*, on avait établi, dans les portions terrassées, plusieurs batteries. L'une ayant deux pièces de fort calibre, et un mortier était près de la *Tour de Rigaud* (3); une autre avait été placée sur le terre-plein, près de la rampe de la *Porte Matabiau* (4). Le mur de ville, non terrassé, qui s'étendait de la *Porte Arnaud-Bernard* jusqu'à la *Porte de Las Croses*, avait été percé de cinq embrasures pour autant de pièces d'un fort calibre (5). La *Porte de Las Croses*, murée depuis longtemps, avait une pièce dont le feu balayait la route placée presqu'en face et qui s'étendait jusqu'au canal (6). Le mur d'enceinte de l'ancien monastère des Chartreux, devenu Parc d'Artillerie, et qui est encore flanqué de cinq tours, avait deux batteries dont le

---

(1) Voyez la Carte topographique, nos 13, 14, 15, 16. — (2) No 17. — (3) No 18. — (4) No 19. — (5) No 20. — — (6) No 21.

feu s'étendait au loin (1). La *Barrière*, ou *Porte de Saint-Pierre*, était retranchée (2). Il en était de même de l'ancien château, actuellement moulin du Bazacle, et du magasin Fontfrède (3). Deux coupures avaient été faites aux avenues latérales, au milieu desquelles coule le canal de Saint-Pierre (4).

La seconde ligne était formée par le canal de Languedoc ; là, le *Pont des Demoiselles*, situé à l'extrémité de cette ligne, était couvert par un ouvrage armé de plusieurs pièces (5). Une autre tête de pont était établie sur le canal, au point où commence l'avenue d'Albi, en avant de l'ancienne *Porte Matabiau*. A sa gauche était, en deçà du canal, une batterie masquée, destinée à écarter les ennemis du chemin bas de la Pujade et de la plaine voisine (6).

Une troisième tête de pont existait près du couvent des Minimes, et coupant la route de Paris (7).

Une pièce de quatre défendait l'*écluse du Béarnais* (8).

Puis, venait la tête de *pont de l'Embouchure*, que l'on nommait alors le *Pont-Jumeau*. Cet ouvrage, qui avait un assez fort commandement

---

(1) N° 22. — (2) N° 23. — (3) N° 24. — (4) N° 25. — (5) N° 30. — (6) N° 31. — (7) N° 32. — (8) N° 33.

sur la campagne, était palissadé et armé de plusieurs pièces d'artillerie (1).

La troisième ligne, formant ce que l'on pourrait nommer *les ouvrages extérieurs*, commençait aux maisons Cambon et Saccarrin, placées en avant du faubourg de Guillemèry. On les avait couvertes par deux redoutes. D'un côté, les murs d'un parc, et, plus loin, un épaulement, les reliaient, et elles présentèrent, le jour de la bataille, un ensemble respectable (2).

Au-delà, sur un plateau plus élevé, était la maison retranchée de Duroux, ou la *Redoute de la Sypière* (3).

Un peu en arrière, et sur un mamelon qui dominait la route de Caraman, on avait massé un autre ouvrage, qui ne fut point terminé (4).

En se rapprochant du point le plus élevé du *Calvinet*, on trouvait la *Redoute du Mas-des-Augustins* (5).

Plus loin, paraissait celle du *Colombier* (6).

La *Redoute triangulaire* venait ensuite (7).

Enfin, la *Grande redoute*, ayant un réduit, s'étendait jusqu'au bord du chemin creux de Périolle, qui lui servait d'avant-fossé (8). Une ligne retranchée s'étendait, à l'est, le long de l'escarpement (9).

---

(1) No 34. — (2) No 43. — (3) No 35. — (4) No 36.— (5) No 37.— (6) No 38.— (7) No 39.— (8) No 42. — (9) No 40.

Le lieutenant-général Reille avait, pour défendre les retranchements avancés de Saint-Cyprien et la seconde ligne, qui formait réellement la tête de pont, les divisions des généraux Taupin et Maransin ; mais la première lui fut retirée de bonne heure, le 10 avril, et portée ensuite à l'extrême droite, en arrière de la redoute de Sypière. Ainsi, pour garder la dernière ligne de la rive gauche, qui n'avait pas moins de 2,200 mètres de développement, il ne resta au lieutenant-général Reille, qu'environ trois mille hommes.

Sur la rive droite, la division du général baron Darricau défendait la ligne du canal, de l'Embouchure, jusqu'à la tête de pont de Matabiau, sur un développement de 3,256 mètres, ayant, en arrière du pont de l'Embouchure, une réserve de cinq cents hommes.

Le 31e régiment léger, de la division Darmagnac, occupait le couvent des Minimes, à la gauche et en avant de la tête de pont. Ce couvent, renfermé dans une enceinte crénelée, l'était lui-même : vaste citadelle, il présentait un obstacle difficile à vaincre, et dont il aurait fallu triompher avant d'attaquer la tête de pont. Les pépinières qui couvraient le sol existant derrière les tuileries, sur la route d'Albi, servirent à cacher trois régiments de la même division, qui demeurèrent là, en deux corps, sous le commandement immédiat de

Darmagnac, ayant sous lui, le général Leseur. Le mamelon de la Pujade, dont nous avons déjà parlé, était gardé par la brigade du général Saint-Pol, de la division Villate. Elle fournissait aussi la garnison des ouvrages les plus avancés du nord de la position, et observait le débouché de Croix-Daurade. C'était, en quelque sorte, une avant-garde. Elle avait à sa droite, dans la plaine, la brigade Lamorandière, prise dans la même division, et qui occupait, en arrière de l'église de Croix-Daurade, trois ou quatre maisons de campagne, parmi lesquelles on distingue le petit château de Nicoles, et celui qui porte le nom de Mont-Blanc. Ces deux brigades devaient se retirer devant des forces supérieures, et concourir à la défense des hauteurs et des redoutes du *Calvinet*, dont le commandement était confié au général Harispe, qui y avait réuni les 81e, 116e et 117e régiments de ligne. Un bataillon du 9e léger, sous les ordres du général Dauture, occupait, à l'extrême droite, la redoute, non terminée et non armée, de Sypière, ou Duroux, et l'ouvrage commencé sur le bord de l'escarpement. La réserve, composée d'environ quatre mille hommes, avait pour chef le général Travot, ayant sous lui les généraux Wouillemont et Pourailly. Elle devait défendre la tête du *Pont des Demoiselles*, sur la route de Montaudran, le Busca, le Jardin-des-Plantes (dont la butte avait été couronnée par une pièce de fort calibre), les retranchements du faubourg Saint-Michel, et toute la ligne des remparts, de la porte Saint-Etienne jusqu'à la grille du Bazacle.

A l'heure du danger, les baïonnettes de cette division devaient briller sur les murs de la vieille cité.

En arrière des lignes françaises, tout était préparé pour les divers services, afin que l'armée fût pourvue de tout ce qui devait lui être nécessaire; les ambulances étaient placées aux lieux les plus favorables, pour donner de prompts secours aux blessés. La garde urbaine devait garnir les postes intérieurs, empêcher tout encombrement, soit dans les rues, soit sur les places publiques, et assurer la circulation. Cette garde venait d'être considérablement augmentée; déjà l'on avait nommé les chefs des nouvelles cohortes, et le maréchal devait les passer en revue le 10 avril. On y avait placé de vieux officiers, ayant fait les premières campagnes de la Révolution, et quelques jeunes gens, qui, autorisés par un décret, étaient entrés dans les régiments formés, en 1808 et 1809, pour le soutien du nouveau gouvernement espagnol. Ces corps venaient d'être licenciés; mais ces officiers n'avaient pu contempler froidement l'envahissement de la France. Les uns servaient comme simples volontaires, les autres avaient été attachés à l'état-major des différentes divisions; et leur zèle, leur habitude de la guerre, ne furent peut-être pas inutiles.

Le 9 avril, la marche de l'ennemi vers nos retranchements annonçait une attaque prochaine.

Ce n'avait pas été sans combattre que nous avions cédé nos postes les plus éloignés. Des engagements très-vifs avaient eu lieu avec notre infanterie légère, postée vers Lespinasse et Lalande. Après une fusillade vive et bien soutenue, cette infanterie se retira sous le canon de la tête de *Pont de l'Embouchure* et vers le couvent retranché des Minimes, tandis qu'après plusieurs charges, sur les bords de la grande route de Paris, près du premier de ces villages, la brigade légère du général Vial abandonna Fenouillet et se replia sur Croix-Daurade, amas de maisons de campagne, situé au pied du mamelon de la Pujade. Il aurait fallu faire sauter le pont jeté sur le Lers en ce lieu même. Ce fut en effet sur celui-ci que l'ennemi fit passer une grande portion de son infanterie, ainsi que l'artillerie portugaise. Je l'ai raconté dans un autre ouvrage (1), on se contenta, malheureusement, d'occuper les avenues du pont et de placer au loin quelques vedettes, qui devaient observer les deux routes qui y aboutissaient; ces vedettes s'acquittèrent mal de leur de-

---

(1) Du Mège, *Hist. gén. de Languedoc*, tome X, p. 821.

voir. L'ennemi surprit notre cavalerie, et les hussards anglais, commandés par le colonel Vivian, la mirent un instant en désordre. Le général Soult, commandant en chef de la cavalerie, était dans Croix-Daurade, et aurait été enlevé, ainsi que presque toute la brigade Vial, sans la bravoure du second régiment de hussards. Forcé de repasser le Lers, le général réunit ses troupes en-deçà de ce cours d'eau, et chargea les alliés avec sa valeur accoutumée. Le colonel Vivian fut grièvement blessé. Mais il fallut se retirer derrière l'église de ce lieu, tandis que l'ennemi, maître du pont du Lers et des maisons les plus avancées, s'assurait la possession d'un passage important, et le moyen de tenter, non-seulement d'attaquer de front les hauteurs du *Calvinet,* mais aussi de tourner notre extrême droite.

IV.

COMMENCEMENT DE LA BATAILLE. — L'ENNEMI ENTRE DANS NOTRE PREMIÈRE LIGNE, A SAINT-CYPRIEN ; IL EST REPOUSSÉ, A L'EMBOUCHURE ET A LA PUJADE.

Le 10 avril, à l'instant où les feux de nos bivouacs s'éteignaient, des coups de fusil, partis de tous les points rapprochés de nos lignes, annoncèrent que cette journée verrait tomber de nombreuses victimes. Chacun était à son poste. Jadis, les gladiateurs, en allant verser leur sang dans l'amphithéâtre, baissaient leurs armes devant celui qui régnait sur le monde, et s'écriaient : *Ceux qui vont mourir, te saluent, ô César !* Dans nos rangs, sur lesquels s'était fixée si souvent la victoire, tous les regards se portaient vers les chefs. Ceux qui allaient mourir, et ceux qui devaient leur survivre, saluaient, avec transport, les Signes militaires, qui brillaient encore, percés, déchirés, par les balles ennemies. Ils croyaient voir se grouper, autour de ces vieux drapeaux, ceux qui avaient péri avec gloire en les défendant ; on voulait imiter leur dévoûment, leur courage, et tous les cœurs étaient animés par cette pensée, si bien exprimée par le poète latin : *Il est doux et glorieux de mourir pour la patrie !*

Dulce et decorum est pro patriâ mori.

Cinq heures sonnent. De toutes parts le cercle se resserre autour de nous. Une nuée de tirailleurs, soutenus par la cavalerie britannique, fait replier nos avant-postes. Sir Rowland Hill commande sur la rive gauche. Il a sous ses ordres les divisions Steward, Murray et Morillo. Une brigade de cavalerie et deux réserves d'infanterie soutiennent ce corps, qui s'élève à plus de vingt mille hommes. Les batteries qu'il place dans les intervalles de ces colonnes d'attaque (1) ne peuvent ricocher les faces des redoutes d'*Aurole* et de la *Patte-d'Oie*, et le feu de ces dernières fait éprouver de nombreuses pertes aux assaillants. Le major anglais Jacques Harrisson Becker tombe mort; en quelques minutes, plus de soixante autres officiers sont mis hors de combat. Les troupes britanniques et espagnoles, mutilées par les boulets et la mitraille, flottent un instant, et se retirent en désordre à plus de 400 mètres. Déjà le général Taupin, qui s'était illustré à Diernstein et à Austerlitz, allait faire une sortie et rejeter au loin les assaillants; mais, à notre extrême droite, notre première ligne était ouverte (2). C'est par ce point que l'on allait la tourner. Si l'on en excepte, en effet, la petite inondation pratiquée au moulin Bourrassol, rien ne pouvait empêcher l'ennemi de s'avancer de ce côté, où l'on n'avait pas même placé une seule pièce d'artillerie. — Le major Leroy, qui y commandait un bataillon du 40e de ligne, après avoir essuyé quelque temps un feu extrêmement vif, et voyant les alliés franchir le canal du moulin, prit le parti de se retirer, après avoir incendié, et cette usine, et la tuilerie qui y touchait. Nous éprouvâmes alors un notable désavantage; car l'ennemi, pénétrant, par ce point, dans notre zone de défense, y établit

---

(1) Voyez la Carte topographique, Nos 44 et 45. — (2) No 8.

aussitôt plusieurs batteries, qui prirent à revers la maison Rodoloze et la ligne retranchée sur le côté droit de la route d'Auch (1). Plus tard, la division Murray menaça notre droite, et il fallut évacuer toute la ligne extérieure. On le fit avec rapidité, mais sans éprouver de pertes. Seulement, l'une de nos pièces d'artillerie, placée dans l'hémicycle de la Patte-d'Oie, avait éclaté. L'ennemi prétendit à de nouveaux succès; mais le feu des deux bastions et des palanques l'arrêta, et durant le reste de la journée, il borna toute son action à entretenir un feu d'artillerie et de mousqueterie, peu nourri, et qui ne produisit aucun effet sensible. On comprit même qu'il renonçait à toute tentative sérieuse de ce côté, et le maréchal crut pouvoir retirer du faubourg Saint-Cyprien la division Taupin, pour la porter vers nos ouvrages du nord et de l'est, où une attaque vive et prolongée devenait imminente (2).

La position du *Pont-Jumeau* était l'une des plus fortes et des plus importantes de celles qu'occupait l'armée française (3). On a dit que l'ennemi ne voulait faire de ce côté qu'une simple démonstration, y attirer l'attention du maréchal, et y retenir une partie des troupes de celui-ci. On peut croire, cependant, que Wellington

---

(1) Voyez la Carte topographique, N°s 11 et 12. — (2) Du Mège, *Hist. gén. de Languedoc*, tome IX, p. 823. — (3) Voyez la Carte, n° 61.

aurait désiré vivement que ce point fût emporté par le général Thomas Picton, chargé de l'attaquer. Sir Rowland Hill, lui-même, fit placer sur l'autre rive une batterie dont les boulets parcouraient une partie du pont, et en rendaient la défense difficile et très-meurtrière. Nous avions placé, il est vrai, deux pièces de fort calibre à la gauche de ce pont, et leur feu ralentissait quelquefois celui de la batterie ennemie. A sept heures du matin, le général anglais ayant formé ses colonnes d'attaque, derrière le château Raymond, en confie la direction au major général Brisbane. Celui-ci lance la première division, forte de cinq cents hommes, par l'allée de droite du parc, tandis qu'une autre s'avance par la grande allée, et qu'une troisième s'étend en tirailleurs sur la gauche. L'ouvrage ayant un très-grand commandement sur la campagne, laissait le fossé sans défense; les boulets et la mitraille ne rasaient point la queue du glacis. Les Anglais, voulant profiter de cette disposition, se jettent en avant; mais les palissades les arrêtent, et le feu de la mousqueterie porte la mort dans leurs rangs. Néanmoins, le peu de développement de l'ouvrage, n'offrant pas à notre infanterie un espace assez considérable pour se déployer le long des parapets, elle s'empare de nombreux cailloux rassemblés pour servir à l'empierrement de la route, et aussi des pavés provenant du pont. Nos soldats les lancent avec un ensemble et une promptitude qui devient fatale aux assaillants. Ceux-ci se retirent; mais à l'instant où ils entrent dans les allées de Raymond, la mitraille les atteint. Beaucoup tombent tués ou blessés; le major-général Brisbane est du nombre de ces derniers.

Bientôt on prépare une nouvelle attaque. Ceux des Anglais qui n'ont pas été blessés, reforment leurs rangs, et semblent vouloir venger leurs camarades, étendus morts au pied de l'ouvrage. Ils sont d'ailleurs renforcés par un détachement pris dans la troisième division; mais ils sont arrêtés par le feu de la tête de pont. Ils se rallient, et, en faisant quelques pertes, ils arrivent jusques au bord du fossé; quelques-uns d'entr'eux s'y précipitent. On les voit essayer d'arracher les palissades; d'autres veulent monter sur le parapet. Un de leurs officiers parvient sous le pont, suivi d'une centaine de soldats, à l'aide de quelques planches qu'on y avait jetées pour favoriser la retraite des tirailleurs français, qui avaient pris leur poste en dehors de l'ouvrage. Cet officier est bientôt mortellement frappé; ceux qui l'accompagnaient se dispersent, et cette tentative n'a rien produit en faveur de l'étranger.

Mais sir Thomas Picton veut absolument s'emparer de la position : le feu de l'artillerie, placée sur l'autre rive de la Garonne, devient plus vif. Les boulets labourent le pont; deux pièces mises en batterie sur le chemin de Blagnac, et couvertes par une sorte d'épaulement formé par les terres provenant du déblai du canal, battent aussi l'ouvrage, tandis que, de la maison placée en dehors de l'écluse double, et en face du hangar de l'administration, sort un feu incessant. Nos pertes se multiplient. Enfin, lorsque l'on croit le moral des Français ébranlé, deux colonnes, soutenues, sur leur droite, par l'artillerie dont nous venons de parler, et, sur leur gauche, par de nombreux tirailleurs, s'élancent du bosquet du château et s'avancent en bon ordre; notre feu les disperse; leurs chefs les rallient; ils s'approchent. Mais la plupart de leurs officiers sont atteints; le lieutenant-colonel Forbes, du 45e régiment d'infanterie britannique, qui commande les assaillants, tombe, percé de vingt balles, au milieu de la foule des morts.

Pour détourner notre attention, ou plutôt pour profiter du désordre qu'il croit pouvoir produire parmi les défenseurs de l'ouvrage, attaqué de nouveau, comme on vient de le voir, le général Picton essaie de tourner la tête de pont. Tout-à-coup, une colonne d'infanterie, soutenue par la division légère, apparaît à l'écluse du Béarnais (1); elle traîne des poutrelles, des madriers; on aperçoit près du groupe de maisons qui

---

(1) Voyez la Carte topographique, n° **60**.

existe au-delà, d'autres soldats portant plusieurs pièces de charpente. Il est évident que l'ennemi va chercher à franchir le canal au point où il est le plus resserré, à l'écluse même. La compagnie d'infanterie, chargée de la défense, s'est dispersée en tirailleurs le long du cours d'eau qui couvre notre ligne; la pièce d'artillerie est là, toute seule; ceux qui doivent la servir se sont éloignés. Quelques ennemis sont montés dans un pigeonnier qui domine les deux rives, et peuvent, de cette position élevée, choisir leurs victimes. Au milieu de la fumée dont il est enveloppé, le général Berlier, qui commande dans la tête de pont, n'aperçoit point ce qui se passe à sa droite. Le jeune officier dont il a été déjà question, lors des premières tentatives faites pour établir la tête de pont de Saint-Cyprien, venait apporter les ordres de l'état-major général. Il voit le danger qui menace notre position; « il aperçoit le travail de l'ennemi, que l'on avait déjà remarqué du haut de la *Tour de las Croses*, et du rempart de l'arsenal. Il appelle les tirailleurs qui se rangent derrière l'épaulement formé sur le bord de l'écluse; il appelle les canonniers; la pièce est remise en batterie, son feu arrête d'abord, et met bientôt en fuite les assaillants; la pièce de *las Croses* et l'artillerie des murs de l'arsenal leur lancent de nombreux boulets. » La division légère du baron Charles Alten, qui s'avançait pour appuyer le mouvement, s'arrête, et suit bientôt la brigade de cavalerie, qui s'éloigne et se porte avec rapidité sur la gauche, vers les routes de Paris et d'Albi.

Cette manœuvre était nécessitée par l'échec que venait d'éprouver la quatrième armée espagnole.

Le maréchal Beresford avait reçu l'ordre de se porter sur la rive gauche du Lers, en traversant cette rivière au pont de *Croix-Daurade*. Il devait ensuite s'emparer de Mont-Blanc, se prolonger, parallèlement à nos positions, et, en se formant ensuite en une seule masse, monter sur les collines, entre Guilleméry et Montaudran, afin de tourner notre droite, inquiétant d'ailleurs notre front par plusieurs attaques partielles. « En même temps, le lieutenant-général don Manuel Freyre, ayant avec lui toute la quatrième armée espagnole, et soutenu par la cavalerie britannique, devait attaquer la grande redoute, et alors même qu'il ne réussirait pas, attirer toute l'attention du duc de Dalmatie sur ce point. Le lieutenant-général sir Stapletton-Cotton avait l'ordre de suivre le mouvement de Beresford, avec la brigade de hussards du major-général Edward Sommerset, tandis que la brigade du colonel Vivian, passée, depuis la blessure de celui-ci, sous les ordres du colonel Arentschild, observerait le mouvement de la cavalerie française sur les deux rives du Lers, au-delà de la gauche des alliés (1). »

Pour parvenir à notre extrême droite, il fallait suivre, pendant longtemps, et sous le feu de notre ligne, tout le vallon jusques vers le pont de Lasbordes. Si nous avions occupé et fortifié le mamelon de la Pujade, cette manœuvre n'aurait peut-être pas réussi. Pour barrer le vallon avec des troupes, il aurait fallu avoir des forces plus considérables et courir toutes les chances d'un combat. On tenta cependant de le faire. Ce fut la division Villate qui fut chargée de ce soin. L'une des brigades, sous les ordres du général Lamorandière, gardait les maisons éparses du hameau de Mont-Blanc. Ces troupes faisaient face au nord et à l'ouest. Cette brigade se liait à celle du général Saint-Pol, rangée sur le mamelon de la Pujade, et occupant, par un détachement, le petit château et la ferme de ce nom, au bas du côteau..... « Plus nombreuses, ces troupes auraient pu s'opposer fortement à la marche des alliés qui voulaient, en remontant le vallon, parvenir à tourner notre extrême droite; les bois, les vastes enceintes murées qui y existent auraient présenté d'assez grands obstacles. Mais nos régiments, qui n'offraient pas une force de plus de 3,400 hommes, ne pouvaient s'op-

---

(1) Du Mège, *Histoire générale de Languedoc*, t. X, p. 826.

poser, avec succès, aux masses ennemies. La brigade de Lamorandière, couverte par une nuée de tirailleurs qui, profitant des accidents du terrain, des murs de jardin, des haies et des fossés, faisaient éprouver de nombreuses pertes à l'ennemi, se retire lentement sur les redoutes du centre, tandis que la brigade Saint-Pol se replie en bon ordre jusqu'aux lignes avancées, au-dessous de la grande redoute. Deux pièces, placées jusqu'alors sur le chemin d'Albi et qui appuyaient la gauche de cette brigade, en sont retirées et contribuent à l'armement de la tête de pont de Matabiau, ou de la route d'Albi (1). »

Le corps d'armée du maréchal Beresford se porta sur Mont-Blanc, que Lamorandière abandonna, comme je l'ai dit, mais en combattant toujours à la tête de ses deux régiments. Ce fut de ce point que les Anglais, marchant, parallèlement aux collines occupées par nous, se dirigèrent vers notre extrême droite. En même temps, don Manuel Freyre, s'apercevant que la brigade du général Saint-Pol avait abandonné la Pujade, y fit établir aussitôt deux batteries portugaises, du calibre de dix-huit. Elles envoyèrent de nombreux projectiles dans la grande redoute. Protégée par leur feu, la quatrième armée s'avance avec résolution; en arrière d'elle est

(1) Du Mège, *Hist. gén. de Languedoc*, tome X, p. 827.

la cavalerie allemande du major-général Posomby. Celle-ci devait suivre le mouvement sur la grande route, ou appuyer la retraite des Espagnols s'ils étaient repoussés. Ceux-ci s'ébranlent enfin, ils croient pouvoir s'élancer dans une large brèche ouverte par l'artillerie portugaise; Freyre est à la tête de la colonne de gauche, son état-major l'environne. Le général Tirlet voit que le feu de nos batteries est trop fichant et qu'il n'atteint point les rangs des ennemis. Par ses ordres, l'artillerie de la division Villate est placée dans des positions moins élevées, et l'on obtient ainsi un feu plus rasant, plus meurtrier. Mais les Espagnols avancent toujours; ils touchent à la ligne retranchée, en avant des redoutes; une partie de leurs bataillons se loge dans le chemin creux de Périolle; ils se croient vainqueurs et n'attendent plus, pour faire un dernier effort, que d'apprendre le succès des Anglais, s'élevant sur les hauteurs qui dominent le faubourg Guilleméry. L'aile droite des Espagnols marchait de son côté avec beaucoup d'ardeur; serrée, réunie en masse, elle espérait que rien ne pourrait lui résister; déjà des cris de victoire partaient de ses rangs; sur son flanc droit, deux bataillons d'infanterie légère se dirigeaient aussi vers le canal, en passant par le chemin bas de la Pujade. Cette aile était commandée par le général Espeletta; il était accompagné du lieutenant-général don

Gabriel de Mendizabal, qui servait comme volontaire.

Déjà la tête des colonnes ennemies touchait à nos retranchements ; tout-à-coup, elles reçoivent, à bout portant, un feu terrible de mousqueterie et d'artillerie. Tout l'armement de la tête de pont est mis en action. La batterie de gauche est démasquée. Les bataillons d'infanterie légère, qui s'avancent par le chemin bas de la Pujade, éprouvent des pertes énormes. Les troupes qui marchent sous les ordres immédiats d'Espeletta sont encore plus maltraitées, et ce général est blessé. Don Manuel Freyre, qui s'était réservé le commandement de l'aile gauche, et qui, plein d'espérance, s'était logé sous nos retranchements, veut les franchir. Les Espagnols se précipitent. Le colonel Sicilio, à la tête du régiment de Cantabria, se hasarde sur l'escarpement du chemin de Périolle, pour se jeter dans la grande redoute; mais partout les Espagnols sont repoussés. Harispe, Villate, Tirlet, et les autres généraux français, sont partout, et partout le succès couronne leurs efforts. Le maréchal-de-camp Pedro de Labarcena, qui s'était le plus rapproché de nos retranchements, est repoussé. Don Manuel Freyre veut opérer sa retraite et reformer ses troupes derrière le mamelon de la Pujade ; mais, en abandonnant le bas des escarpements du Calvinet et le chemin creux de Périolle, il est exposé à tout le feu de nos redoutes, de nos lignes avancées, et des batteries placées sur les vieux remparts ; ses troupes ne conservent plus aucune attitude militaire, et ses pertes s'élèvent à plus de douze cents hommes. Il avait envoyé à son aile droite l'ordre de se retirer aussi sous la protection des batteries portugaises. Mais le duc de Dalmatie, qui avait vu cette aile repoussée, lors de l'attaque de la tête de pont, « ordonne au général Darmagnac, qui a trois de ses braves régiments embusqués, entre les tuileries, les pépinières et la route d'Albi, de tomber sur l'ennemi qui déjà précipite sa retraite. Darmagnac, accompagné de son aide-de-camp Gabalda, s'avance à la tête des 51e et 75e, placés sous les ordres du général Leseur ; » la garnison du pont, formée d'un bataillon du 6e léger, fait une sortie. Toutes ces troupes fondent à la fois sur les Espagnols d'Espeletta, et les mettent dans un désordre complet..... Une partie d'entre eux suit le bord du canal, exposé au feu de la grosse artillerie des remparts. Bientôt, celle de la tête de pont de la route de Paris se fait entendre et augmente le désordre de cette masse flottante. Le major Bourbaky sort du couvent des Minimes, avec le 31e, prêt à s'élancer sur eux, et ce fut alors que, pour sauver les Espagnols, la division légère du baron Charles Alten quitta les environs de l'Embouchure, suivie par la cavalerie allemande, laissant sir Thomas Picton affaibli, demandant des renforts à Rowland Hill, et en recevant, à l'aide du pont que l'on avait, non sans peine, fait remonter jusqu'auprès de la ville.

On le voit; la première partie de la journée était aussi honorable qu'avantageuse pour l'armée française. L'on avait évacué la ligne extérieure de Saint-Cyprien, mais la défense en était plus concentrée; on avait même pu en retirer une division pour la porter sur un point où le danger était imminent. Quatre attaques sucessives, faites sur la tête de pont de l'Embouchure, avaient été victorieusement repoussées. La quatrième armée espagnole était dans le désordre le plus complet; elle avait laissé plus de deux mille cadavres au bas des escarpements et dans la plaine. L'attaque formée par elle n'ayant pas réussi, compromettait vivement le succès de la tentative hardie qu'allait exécuter, contre notre extrême droite, le maréchal Beresford, avec le corps qu'il commandait. C'était sur ce point que devait, selon toute apparence, se décider le sort de la journée.

V.

PRISE DE LA REDOUTE DE SYPIÈRE. — MORT DU GÉNÉRAL TAUPIN.

Au-delà du faubourg Guilleméry, le terrain s'élève insensiblement jusqu'à une sorte de plateau sur lequel existe une maison des champs, nommée indistinctement Duroux et Sypière. En arrière et en avant, des corps assez nombreux de troupes pourraient se déployer. Des haies très-épaisses, et le tertre coupé sur plusieurs points, à une faible hauteur, formaient l'enceinte de ce lieu. Là, on traça une redoute carrée, d'un profil très-faible, et qui ne fut point convenablement armée. Un peu en arrière, et regardant le chemin de Caraman, on commença la construction d'une autre redoute. Il est probable que l'on ne s'attendait point à la manœuvre hardie exécutée par Beresford, et que l'on n'avait élevé ces ouvrages que dans la prévision que quelques troupes anglaises, passant le Lers au village de Montaudran, pourraient donner de l'inquiétude à notre extrême droite. Aussi, le maréchal n'y avait-il placé le général Dauture qu'avec quelques centaines d'hommes. A la vue de Beresford marchant résolument sous le feu de nos lignes, et bravant toutes les difficultés du terrain, le duc de Dalmatie comprit toute l'importance de la marche des Anglais. Il crut, en voyant leur artillerie éloignée, et connaissant parfaitement le point sur lequel ils allaient se déployer, que la fortune lui ménageait en cette occasion un succès éclatant. Il donne l'ordre au général Taupin, qu'il a retiré du faubourg Saint-Cyprien, de marcher en toute hâte vers la Sypière, en se couvrant des hauteurs, afin de dérober son mouvement à l'ennemi. Taupin obéit ; mais, malheureusement, son artillerie reste dans les ouvrages du nord. Le général doit placer ses troupes en arrière de la crête ; à la droite de la redoute, mais un peu en-deçà, la brigade Rey, composée de quatre bataillons des 12e léger, 32e et 43e de ligne, se plie en colonne, avec l'ordre d'agir au premier signal sur la gauche de l'ennemi. Le général Berton, à la tête de six escadrons, devait seconder le général Rey. La deuxième brigade, sous les ordres du général Gasquet, et formée des 49e, 55e et 58e, va se précipiter sur le flanc droit de l'ennemi, soutenue par le 21e de chasseurs à cheval ; Dauture ne doit pas sortir de la redoute, désormais flanquée par les deux brigades de Taupin.

Cependant, la colonne anglaise s'avançait lentement, à cause de la raideur de l'escarpement et de l'état du sol détrempé par de longues pluies. Ceux qui la voyaient pouvaient se rappeler la fameuse colonne de Fontenoy, invincible tant que l'artillerie n'y ouvrit point de brèches. Comptant sur les dispositions qu'il avait prises, mais oubliant que l'artillerie aurait dû suivre la division, le maréchal s'écrie : *Les voilà, général Taupin ! je vous les livre ; ils sont à nous !* Le général se met à la tête de la brigade Rey. J'ai dit ailleurs qu'il s'avança trop tôt, et imprudemment, contre l'ennemi, tandis qu'il aurait dû, après s'être tenu assez longtemps couvert par un pli de terrain, placer Beresford entre le feu de ses deux brigades et ne s'abandonner sur lui qu'après lui avoir fait éprouver de nombreuses pertes. Le général anglais, apercevant la tête de la brigade Rey, s'arrête et couvre ses flancs par des carrés. S'il n'a point encore d'artillerie, Taupin en est de même dépourvu. Le 12e léger est reçu par un feu bien nourri; il résiste faiblement et se disperse devant la masse anglaise qui aurait dû être précipitée dans le vallon. Ce corps s'était d'ailleurs interposé entre l'ennemi et la redoute, et rendait nulle l'action de celle-ci. Dauture voulut en vain retenir la garnison : elle suivit le mouvement rétrograde du 12e. Taupin rallie quelques compagnies, se porte en avant, et veut rétablir le combat; mais il tombe, mortellement blessé. Les deux brigades se retirent, et l'ennemi entre dans l'ouvrage.

Ce résultat inattendu fut fatal : l'ennemi reçut son artillerie; il arma la redoute, et s'avança en deux colonnes sur le faubourg Guilleméry. La brigade Rey s'était retirée sur les maisons Saccarrin et Cambon; il en fut de même de la brigade Gasquet, qui observa assez d'ordre dans sa retraite, protégée d'ailleurs par la cavalerie du général Soult. Le capitaine Lapène, accouru des ouvrages du nord, plaça ses pièces de manière à faire beaucoup de mal à la droite de l'ennemi; mais celui-ci, renforcé par la division de sir Henry Clinton, s'avançait fièrement, quoique avec une grande lenteur. Pour atténuer le succès de Beresford, le maréchal ordonne au général Darmagnac d'abandonner la poursuite des Espagnols vaincus. Celui-ci accourt, à la tête de la brigade Leseur. On voit briller à la tête du faubourg les bayonnettes du 75e; l'ennemi s'arrête, et, sur ce point, l'artillerie seule agit à de longs intervalles.

On ne pouvait plus douter qu'une attaque générale aurait bientôt lieu sur les hauteurs du Calvinet. Nos troupes, resserrées sur un petit espace, pouvaient résister avec avantage; mais leur droite était en l'air, et les maisons Cambon et Saccarrin durent être mises en défense; d'ailleurs, la brigade Rouget fut retirée de Saint-Cyprien. Une partie de la réserve s'avança, et le général Travot prit le commandement de la division du général Taupin.

VI.

COMMENCEMENT DE LA SECONDE PARTIE DE LA JOURNÉE. — LES ANGLAIS SONT DE NOUVEAU REPOUSSÉS A L'EMBOUCHURE DU CANAL DE LANGUEDOC. — LES ESPAGNOLS TENTENT ENCORE, ET VAINEMENT, L'ATTAQUE DE LA GRANDE REDOUTE.

La nouvelle du succès obtenu par le maréchal Beresford fut bientôt annoncée sur toute la ligne ennemie. Don Manuel Freyre crut y trouver le moyen de ranimer le courage de ses Espagnols. Leurs réserves sont accourues. Plus fortement massés et n'attaquant plus la tête de pont de la route d'Albi, ils s'avancent seulement contre la grande redoute. Mais la mitraille porte la mort dans leurs rangs, qui vont se reformer derrière le mamelon de la Pujade, sous la protection de l'artillerie portugaise. La charge bat; « ils reparaissent sur ce sol baigné de sang. Les uns se déploient en avant du petit château de Malpel ; leur droite suit le vieux chemin, dit de Périolle, et se place sous la grande redoute. Les débris du régiment de *Cantabria*, guidés encore par le colonel Sicilio, sont là : ce chef gravit l'escarpement; mais il paraît à peine sur la crête, qu'il en est précipité par le feu de l'ouvrage..... Une autre tentative devient plus désastreuse. Les Espagnols s'élancent et parviennent sur la queue des glacis ; mais ils doivent se retirer, après avoir fait inutilement de grandes pertes. Les Galiciens restaient massés dans le chemin creux; les chefs de bataillon, Gros et Guistapage, chargés de les déloger, sortent des retranchements et forcent les ennemis à regagner en toute hâte leur premier poste. Alors les retranchements du nord recommencent un feu meurtrier, et la ligne de retraite est couverte de cadavres (1). »

(1) Du Mège, *Hist. gén. de Languedoc*, tome X, p. 833.

— 73 —

A l'extrémité de la ligne, le général Thomas Picton voulut aussi tenter un nouveau combat. Sir Rowland Hill lui avait envoyé des renforts.... Il fait des dispositions pour une attaque fortement soutenue. Le brave général Berlier, qui commande sur ce point, voulant en assurer la défense, croit devoir demander au général Darricau, alors à la tête de pont de la route de Paris, le secours de quelques compagnies ; mais celui-ci, ayant devant lui la division légère du baron Alten, ne peut lui envoyer le secours qu'il demande, e Berlier trouve dans son dévoûment les moyens de résister avec succès. L'ennemi ouvre « un feu meurtrier, à la partie inférieure du canal ; ses tirailleurs essaient de franchir les coupures faites à droite et à gauche de l'ouvrage ; ils sont repoussés par la mousqueterie ; mais deux colonnes d'attaque débouchent du parc, et, d'abord soutenues par l'artillerie, elles se précipitent sur la tête de pont. Le général Berlier, mis hors de combat, cède le commandement au général Fririon. Les ennemis, arrêtés encore une fois par les palissades, brisés par la mitraille, regagnent en désordre le bosquet voisin (1)..... » Sur ce point, comme à la grande redoute, le succès est complet ; et, ici, l'ennemi

---

(1) Du Mège, *Hist. gén. de Languedoc*, tome X, p. 833.

paraît renoncer à des tentatives jugées désormais inutiles.

« Ainsi, dans la seconde portion de cette journée, comme à son commencement, les alliés étaient repoussés sur tous les points, sauf à notre extrême droite ; et, comme je l'ai dit, l'on acquérait la conviction que, si le général Taupin avait exécuté avec calme et ponctualité les ordres du duc de Dalmatie, ou s'il avait eu son artillerie, que commandait le capitaine Lapène, la bataille de Toulouse aurait été comptée au nombre de nos triomphes les plus glorieux (1). »

VII.

LES ENNEMIS OCCUPENT, APRÈS DE LONGS EFFORTS, LES REDOUTES DU CALVINET. — L'ARTILLERIE DES REMPARTS LEUR ENVOIE DE NOMBREUX PROJECTILES ; L'ARMÉE SE RENFERME DANS SA SECONDE LIGNE, S'ÉTENDANT, AU-DEHORS, JUSQU'AU PONT DES DEMOISELLES.

En s'emparant de la redoute de Sypière, le maréchal Beresford avait rendu notre position difficile. On ne pouvait cependant abandonner, sans combat, les hauteurs fortifiées que nous occupions. Les pertes de l'ennemi étaient très-grandes,

---

(1) Du Mège, *Hist. gén., de Languedoc*, tome X, p. 833.

mais ses ressources l'étaient plus encore. Nos redoutes de la tour des Augustins et du Colombier se liaient, par une ligne retranchée, à nos ouvrages du nord ; le brave Harispe les défendait. J'ai raconté ailleurs comment Beresford détacha plusieurs colonnes soutenues par son artillerie, contre nos fortifications, et comment la droite ennemie fit un mouvement sur cette partie de notre ligne, où nos pièces avaient été mises en-dehors de l'ouvrage, pour mieux atteindre les assaillants dans leurs diverses évolutions. Les régiments écossais étaient chargés de la tête de l'attaque ; ils essayèrent de se placer entre les deux ouvrages, afin d'isoler la défense de chacun d'eux. Le chef de bataillon Dorsanne, qui commande sur cette ligne, jette en avant deux compagnies qui repoussent les Ecossais ; 200 de ces derniers tombent morts ; mais la droite anglaise, secondée par le feu de la Sypière, s'établit en arrière du Mas-des-Augustins. L'artillerie de la redoute a été placée aussi en-dehors, et est trop éloignée pour y rentrer assez tôt. Les jeunes soldats qui forment la garnison se troublent et prennent la fuite. Les alliés y pénètrent, et Dorsanne se retire sur la redoute du Colombier. Bientôt, renforcé par quelques compagnies des 34e et 10e de ligne, il revient à la charge, emporte la redoute après une vive résistance, et tous les étrangers qui la défendaient y trouvent la mort. Le général Harispe commandait sur ce point; son activité, sa bravoure, semblaient devoir y triompher de la persistance de l'ennemi; mais il est grièvement blessé. Baurot, l'un de ses généraux de brigade, a une jambe emportée par un boulet de canon.

Cependant, nos troupes résistent encore; elles attendent de nouveaux chefs. Mais une partie d'entre elles reçoit l'ordre de se retirer, et elle obéit en frémissant. L'armement des redoutes est conduit vers le château Saccarrin et les maisons crénelées qui se trouvent dans le voisinage. L'autre portion est placée, transversalement, en arrière du pigeonnier Carivent. La redoute triangulaire et celle du nord font éprouver de nombreuses pertes à l'ennemi. L'artillerie de la dernière, sous la direction du commandant Morlaincourt, répond à celle que l'ennemi a mise dans la redoute des Augustins. A trois heures, Wellington, maître d'une grande partie du plateau, se décide à faire un effort sur toute la ligne. Partout il présente des colonnes serrées, mais il est presque partout repoussé, en éprouvant des pertes énormes. Il croyait, qu'étant maître des redoutes que nous avions élevées au Mas-des-Augustins et au Colombier, il pourrait s'emparer du faubourg Guilleméry; mais les feux de notre artillerie, placée près du château Saccarrin, et les boulets de celle qui était postée en avant de la maison Cambon, empêchèrent les colonnes anglaises de déboucher par les routes de Balma et de Lasbordes. Plusieurs de leurs pièces furent démontées. Pendant ce temps, les batteries des remparts lançaient des projectiles sur tous les points que les ennemis venaient d'occuper. On eut à se louer de l'activité du chef de bataillon Gaillard qui les dirigeait. Nous avions perdu quelques-unes de nos positions, il nous en restait encore d'autres; on aurait pu tenter de reconquérir le terrain perdu; mais toutes les masses de l'ennemi étaient là, et aucun secours ne pouvait réparer les pertes que nous faisions à chaque instant. « Cependant, les marques du découragement n'apparaissaient point dans notre armée. Le maréchal Soult était partout, pour réparer le désordre, et pour opposer sa profonde habileté au nombre toujours croissant des ennemis. Il n'était point vaincu sur la plus grande portion du vaste terrain qu'il défendait avec une poignée d'hommes. Il conservait la tête de pont de Saint-Cyprien et toute la ligne du canal. A l'Embouchure, sur la route d'Albi, au nord du Calvinet, au pont de Montaudran, vainement attaqué plusieurs fois, tout l'avantage avait été pour lui; mais, dans sa pensée, il avait encore d'immenses devoirs à remplir. Il fallait attirer l'ennemi sur d'autres points, et lui faire éprouver de plus grandes pertes, s'il était possible. Pour atteindre ce but, on devait ménager le sang français, et ne point épuiser nos ressources en prolongeant une lutte momentanément inutile. En conséquence, le duc de Dalmatie ordonne l'évacuation de la première ligne de nos ouvrages, à l'est de la ville. Mais, pour la première fois, on semble oublier la discipline. De nos rangs, décimés par les feux de l'ennemi, on entend sortir les cris: *Point de retraite! Vaincre ou mourir!* Guerrier, l'un des chefs de bataillon du brave 45e, avait juré de défendre, jusqu'à la dernière extrémité, la redoute triangulaire, et refuse d'abord d'abandonner, sans y être forcé, le poste confié à son courage. Le général en chef doit lui-même se porter sur ce point; il donne de justes éloges à cet excellent officier, et au petit nombre de ceux qu'il commande encore, mais il veut que l'on abandonne ce poste. L'ennemi est à quelques pas; les chevaux d'artillerie ont été tués, les pièces peuvent être prises; mais les canonniers de la division Villate se dévouent. Guerrier couvre leur retraite. Aucune pièce ne tombe au pouvoir de l'ennemi (1).... »

Le lieutenant-général Clauzel avait dirigé l'éva-

---

(1) Du Mège, *Hist. gén. de Languedoc*, tome X, p. 835.

cuation avec son sang-froid accoutumé. L'armée prit une position qui avait pour point extrême le mamelon de Saccarrin et Cambon; elle se prolongeait, à droite, sur le chemin pavé de Montaudran, et venait s'appuyer au pont des Demoiselles. Fortement attaqués plusieurs fois durant le reste de cette journée, et toujours vainement, nous restions inébranlables dans notre seconde ligne et prêts à la défendre. Les avantages avaient été balancés ; car, ainsi que je l'ai dit, si nous avions évacué, après en avoir fait chèrement acheter la possession, la première ligne du faubourg Saint-Cyprien, et les redoutes du nord et de l'est, nous étions vainqueurs, au Pont-Jumeau, à ceux des Minimes, de la route d'Albi et des Demoiselles ; notre seconde ligne se maintenait ; la troisième n'avait pu être atteinte, et les batteries des remparts, augmentées, perfectionnées, pouvaient aider puissamment le maréchal, s'il voulait conserver encore Toulouse. Nos pertes, bien regrettables sans doute, ne pouvaient être comparées à celles que l'ennemi avait éprouvées. Elles étaient assez fortes pour lui commander le repos et pour exiger l'arrivée de ses réserves.

VIII.

RETRAITE DE L'ARMÉE. — ELLE PREND POSITION SUR LES HAUTEURS D'AVIGNONET. — VICTOIRE REMPORTÉE, DEUX JOURS PLUS TARD, PAR LES TROUPES DE L'ARMÉE DES PYRÉNÉES, RETRANCHÉES A BAYONNE.

L'ennemi n'avait point fait de prisonniers, n'avait conquis aucun trophée.

La journée entière du 11 avril fut employée à simuler des préparatifs de défense. En même temps, le canal du Midi servait de voie de retraite, pour tous les blessés, pour tous les malades qui pouvaient être retirés des hôpitaux. Placés dans de grandes barques, transformées en salles commodes, ils arrivèrent dans le Bas-Languedoc : on ne laissa dans Toulouse que ceux qui ne pouvaient être transportés sans danger. Ils étaient au nombre de seize cents. Ce chiffre est celui des prisonniers que, dans son rapport, le commandant en chef des alliés *disait* avoir faits sur le champ de bataille..... La pièce de canon que le noble lord prétendait avoir prise, était celle qui avait éclaté au moment de la bataille, et qui était restée dans l'hémicycle de Saint-Cyprien.

Le même jour, et très tard, le grand parc s'achemina aussi vers le Bas-Languedoc.

Dans la nuit du 11 au 12 avril, l'armée remit à la garde urbaine tous les postes. L'armement des coupures, des têtes de ponts, des redoutes, des batteries, fut entièrement évacué. La retraite se fit en silence, et sans que l'ennemi en fût prévenu. Le lendemain, Wellington entra dans la ville. Il en prit possession au nom de Georges IV. Des feux de bivouac, entretenus pendant la nuit, lui avaient fait croire que l'armée n'était point sortie de ses positions.

L'ordre avait été donné de faire sauter les ponts de Madron, de Castanet, de Vic, de Deyme, de Donneville et de Montgiscard. Par cette mesure, on avait mis la gauche à couvert de l'attaque de l'ennemi, jusqu'à Baziège, lieu occupé d'avance, et où toute l'armée devait passer. A minuit, l'arrière-garde avait atteint le village de Saint-Agne. Le 12, de bonne heure, la tête était dans Villefranche. Elle ne s'arrêta qu'un instant dans cette ville, et fut s'établir sur les hauteurs menaçantes d'Avignonet. Là, s'arrêta le mouvement de retraite. Avignonet n'est qu'à une marche de Toulouse, et c'est dans cette position que le maréchal avait résolu d'attendre les alliés.......

On put croire que, le 12 même, le sang coulerait encore.

Sir Rowland Hill reçut de bonne heure l'ordre de suivre notre armée dans sa retraite. Il dirigea ses troupes par les rues des Couteliers, de la Dalbade, du Temple et de la Fonderie. Wellington espérait qu'il pourrait atteindre notre arrière-garde. Celle-ci avait aperçu, à la pointe du jour, la cavalerie anglaise, sous les ordres de sir Stapleton-Cotton et du major-général Edward Sommerset. Séparé de ce corps par le canal, le général Hill croit cependant que la présence de ces forces et de celles qu'il commande peut intimider les Français. Mais le maréchal était là, avec toute sa cavalerie et les divisions commandées par le lieutenant-général Reille. Il s'arrête. Les manœuvres exécutées par ses troupes, dans des positions où l'on ne peut développer des masses, le favorise. Hill croit que toute l'armée française est massée derrière les hauteurs voisines ; il demande des renforts, mais ils arrivent trop tard ; le jour est sur son déclin ; il n'ose brusquer une attaque. Les troupes de Reille arrivèrent à huit heures à Baziège ; elles y étaient attendues par celles du centre, et, toutes ensemble, marchèrent sur Avignonet, où déjà la gauche avait pris position, espérant que les alliés y viendraient bientôt faire des pertes aussi considérables que celles qu'ils avaient éprouvées à Toulouse.

Deux jours plus tard, une autre portion de l'armée des Pyrénées remportait une victoire éclatante. Le 14, les troupes du camp retranché de

Bayonne et la garnison de cette ville, ayant fait une sortie générale, avaient repoussé les ennemis au-delà des têtes des routes de Bordeaux et de Toulouse, et détruit tous leurs travaux. La perte des Anglais en hommes et en prisonniers était considérable, et sir John Hope, leur général en chef, se trouvait au nombre des derniers.....

C'est ainsi que combattaient, en 1814, les braves de l'armée des Pyrénées; c'est ainsi qu'ils remplissaient les devoirs qui leur étaient imposés, et que, bravant tous les périls, ils acquéraient des droits imprescriptibles à la reconnaissance de la patrie et aux souvenirs de la postérité.

LÉGENDE

DE LA CARTE QUI EST JOINTE

AU PRÉCIS DE

LA BATAILLE DE TOULOUSE.

OUVRAGES DE DÉFENSE.

Rive gauche de la Garonne.

PREMIÈRE LIGNE.

1. Murs des jardins et murs de la ville, crénelés et défendus par un fossé.
2. Bastion de la *Porte de Muret*.
3. Grandes grilles de la barrière du quartier Saint-Cyprien, défendues par deux palanques ou blokhaus.
4. Traverse élevée en arrière de la grille, sur la Place intérieure.
5. Bastion de la *Place du Ravelin*, autrefois *Porte de l'Isle-en-Jourdain*, se rattachant au mur crénelé et aux tours de l'enceinte.

SECONDE LIGNE.

6. Route de Muret coupée, et ligne de retranchements, en avant du cimetière et du faubourg

extérieur, jusques à l'hémicycle connu sous le nom de *Patte-d'Oie*.
7. Suite des mêmes retranchements du faubourg extérieur, à la droite de l'hémicycle.
8. Espace non fortifié, et par lequel les Anglais tournèrent la position.

Ouvrages extérieurs.

9. Batteries tracées par le chef de bataillon délégué par le général Travot, et qui devaient être élevées dans l'*île du Ramier du Château-Narbonnais*, et dans l'*île du Bazacle*; elles auraient pris en flanc les troupes ennemies, chargées de l'attaque du faubourg Saint-Cyprien.
10. Maisons et redoute Aurole et Chastel.
11. Maison Rodolose, retranchée, redoute, et ligne s'étendant vers le moulin et la tuilerie Bourrassol, mais ne les atteignant pas.
12. Côté droit de la route de Toulouse à Tarbes, par Auch, retranché, de la maison Rodolose jusques à l'hémicycle ou *Patte-d'Oie*. Cet hémicycle était armé de huit pièces.

Rive droite de la Garonne.

PREMIÈRE LIGNE.

13, 14, 15, 16. Portes de Saint-Michel, Montgaillard, Montoulieu et Saint-Etienne; la seconde et la troisième ayant des épaulements, non terminés le 10 avril.
17. Mur d'enceinte, flanqué de tours, s'étendant de la Porte Saint-Michel, ou du Château, jusqu'à la

Barrière ou Porte de Saint-Pierre, et ayant un terre-plein, quelquefois interrompu, de la Porte Saint-Etienne jusqu'à la Tour de l'Amphithéâtre.... De la Tour de l'Artificier ou de N.-D. du Rempart, jusqu'à la Porte Matabiau ; de cette Porte jusqu'à la Porte Arnaud-Bernard ; de la Porte de Las Croses jusqu'à la Porte Saint-Pierre.

18. Batterie près de la Tour de Rigaud. Deux pièces de fort calibre et deux mortiers.
19. Batteries près de la Tour de N.-D. du Rempart et près de la rampe de Matabiau. A chacune, deux pièces à grande portée et deux mortiers.
20. Mur de ville, non terrassé, mais dans lequel on avait pratiqué cinq embrasures pour autant de pièces d'artillerie.
21. Porte de Las Croses, murée, armée d'une pièce de canon dont le feu enfilait le chemin dit *Del Papa*.
22. Mur d'enceinte du Parc d'Artillerie, flanqué de cinq tours et terrassé. Deux batteries de pièces de fort calibre, deux obusiers et cinq mortiers.
23. Barrière ou Porte Saint-Pierre, retranchée.

Travaux extérieurs.

24. Ancien château, depuis longtemps moulin du Bazacle, et magasin Fontfrède, retranchés et crénelés.
25. Coupures aux deux avenues latérales qui conduisent au pont de l'Embouchure, en longeant le canal de Saint-Pierre.

SECONDE LIGNE.

26. Eglise et couvent des Récollets, chapelle Saint-Roch et cimetière, fortement retranchés. Coupures à l'entrée de la grande rue Saint-Michel et de la rue des Récollets.
27. Ligne fortifiée, s'étendant du couvent des Récollets jusques au château du Busca.
28. Autre ligne retranchée, liant le château du Busca à la grande allée de l'Esplanade.
29. Butte du Jardin-des-Plantes, fortifiée, et ayant sur sa plate-forme une pièce de fort calibre.
30. Tête du Pont des Demoiselles, armée de plusieurs pièces, et vainement attaquée plusieurs fois par les alliés.
31. Tête du Pont de Matabiau, ou de la route d'Albi, et batterie masquée à gauche, sur l'autre rive du canal.
32. Tête du Pont des Minimes, ou de l'avenue de Paris.
33. Ecluse du Béarnais, défendue par une pièce de canon.
34. Tête du Pont-Jumeau, ou de l'Embouchure, fortement armée et palissadée.

Ouvrages extérieurs.

TROISIÈME LIGNE.

35. Maison retranchée de Duroux, redoute de la Sypière, non armée.
36. Redoute de Caraman, non terminée.

37. Redoute du Mas-des-Augustins.
38. Redoute du Colombier.
39. Redoute triangulaire.
40. Ligne retranchée au bord de l'escarpement, à l'est.
41. Couvent des Minimes et son enclos retranché.
42. Grande redoute, ayant un réduit.
43. Maisons Saccarrin et Cambon, couvertes chacune par un ouvrage, et liées entre elles par un mur de parc et par un fort épaulement.

DÉTAILS RELATIFS A LA BATAILLE.

Rive gauche.

44. Le corps ennemi, commandé par sir Rowland Hill, attaquant la ligne extérieure du faubourg Saint-Cyprien, et y pénétrant par l'espace laissé libre à notre droite.
45. Réserves, formées de troupes anglo-espagnoles, destinées à soutenir celles qui attaquent le faubourg.

Rive droite.

46. Postes d'observation sur le Pech-David, colline dont le sommet est remarqué au loin.
47. Réserve placée au Busca.
48. Divisions Villate et Harispe, défendant les ouvrages de l'est et du nord.
49. Bataillon d'infanterie logé dans la redoute de la Sypière, sous les ordres du général Dauture.
50. Division Taupin, formée en deux brigades, et soutenue par la cavalerie, se disposant à attaquer

le corps anglais commandé par le maréchal Beresford.

51. Corps d'armée du maréchal Beresford, montant avec lenteur l'escarpement pour enlever la redoute, et formant un bataillon carré à sa droite et un autre à sa gauche, pour repousser les brigades Rey et Gasquet, qui paraissent vouloir s'abandonner sur les flancs de cette troupe.
52. Cavalerie française appuyant le mouvement de Taupin, et couvrant au loin l'extrême droite de la seconde ligne, à la droite de la tête de Pont des Demoiselles.
53. Brigade Rouget, retirée du faubourg Saint-Cyprien, et prenant position entre les maisons Saccarrin et Cambon.
54. Première brigade de la division Darmagnac sortant des pépinières pour attaquer le flanc gauche des Espagnols commandés par Espelleta.
55. Portion de la seconde brigade de la division Darmagnac, marchant aussi contre les Espagnols.
56. Corps d'armée anglais, marchant sur la rive gauche du Lers et sous le feu de notre ligne, pour tourner la droite de la position.
57. Cavalerie britannique, suivant la rive droite du Lers, parallèlement au corps d'armée de Beresford.
58. Mamelon de la Pujade, où le chef de bataillon du génie, délégué par le général Travot, avait tracé un ouvrage à couronne, qui ne fut point construit. Les Portugais y placèrent le 10 avril, de bonne heure, quatorze pièces de fort calibre.

59. Quatrième armée espagnole, s'avançant vers la grande route et marchant aussi contre la tête de pont de Matabiau, ou de la route d'Albi.
60. Anglais voulant traverser le canal à l'écluse du Béarnais, arrêtés par le feu de la pièce de quatre qui y est placée, par celui des batteries de l'Arsenal et de la Tour de Las Croses.
61. Attaque (renouvelée plusieurs fois, et toujours inutilement), de la tête de pont de l'Embouchure, ou du *Pont-Jumeau*.
62. Position de l'armée française le 10 avril au soir, et pendant la journée du 11.
63, 64, 65, 66. Rues parcourues le 12 avril, au matin, par le corps de sir Rowland Hill, chargé de suivre l'armée française dans sa retraite.

TABLE.

I.
Détails préliminaires. 3

II.
La retraite sur Toulouse est décidée. — Dispositions de défense. 15

III.
Habiles manœuvres du maréchal. — L'armée arrive à Toulouse. 25

IV.
Commencement de la bataille. — L'ennemi entre dans notre première ligne, à Saint-Cyprien ; il est repoussé, à l'Embouchure et à la Pujade. 53

V.
Prise de la redoute de Sypière. — Mort du général Taupin. 67

VI.
Commencement de la seconde partie de la journée. — Les Anglais sont de nouveau repoussés à l'Em-

bouchure du canal de Languedoc. — Les Espagnols tentent encore, et vainement, l'attaque de la grande redoute. 71

VII.

Les ennemis occupent, après de longs efforts, les redoutes de Calvinet. — L'artillerie des remparts leur envoie de nombreux projectiles; l'armée se renferme dans sa seconde ligne, s'étendant, au-dehors, jusqu'au Pont des Demoiselles. 74

VIII.

Retraite de l'armée. — Elle prend position sur les hauteurs d'Avignonet. — Victoire remportée, deux jours plus tard, par les troupes de l'armée des Pyrénées, retranchées à Bayonne. 79

Légende de la Carte qui est jointe au Précis historique de la Bataille de Toulouse. 85

FIN DE LA TABLE.

www.ingramcontent.com/pod-product-compliance
Lightning Source LLC
Chambersburg PA
CBHW070310100426
42743CB00011B/2422